FwDV 500
Feuerwehr-Dienstvorschrift 500
Stand: Januar 2012

Einheiten im ABC-Einsatz

Verlag W. Kohlhammer
Deutscher Gemeindeverlag

Diese Dienstvorschrift wurde vom Ausschuss Feuerwehrangelegenheiten, Katastrophenschutz und zivile Verteidigung (AFKzV) auf der 30. Sitzung am 29.02.2012 und 01.03.2012 in Lübeck genehmigt und den Ländern zur Einführung empfohlen.

Druck mit freundlicher Genehmigung des Ausschusses, Feuerwehrangelegenheiten, Katastrophenschutz und zivile Verteidigung (AFKzV).

Satz und Druck:
W. Kohlhammer Deutscher Gemeindeverlag GmbH

Verlagsort Stuttgart
ISBN 978-3-555-01583-5

Inhaltsverzeichnis

Anlagen

Teil I – Rahmenrichtlinien

1 Allgemeines

Die Feuerwehr-Dienstvorschriften gelten für die Ausbildung, die Fortbildung und den Einsatz.

In der vorliegenden Feuerwehr-Dienstvorschrift 500 „Einheiten im ABC-Einsatz" (FwDV 500) werden taktische Regeln festgelegt, die bei Einsätzen mit Gefahren durch radioaktive Stoffe und Materialien (A-Einsatz), biologische Stoffe und Materialien (B-Einsatz) und chemische Stoffe und Materialien (C-Einsatz) zu beachten sind. Hierdurch sollen die Einsatzkräfte der Feuerwehr befähigt werden, Stoffe, von denen bei Herstellung, Verwendung, Lagerung und Transport besondere Gefahren ausgehen können, zu erkennen und den Gefahren mit geeigneten Maßnahmen entgegenzuwirken.

In dieser Dienstvorschrift wird der Sammelbegriff *„ABC"* für *„atomar" (= radiologisch und nuklear)*, *„biologisch"* und *„chemisch"* verwendet. Er wird bedeutungsgleich zum Begriff *„CBRN"* für *„chemisch"*, *„biologisch"*, *„radiologisch"* und *„nuklear"* verwendet.

Der Teil I dieser Dienstvorschrift enthält die Rahmenvorschriften.

Im Teil II sind die speziellen Regelungen und Besonderheiten aufgeführt, die Einsatzkräfte an Einsatzstellen mit radioaktiven (**Abschnitt A-Einsatz**), biologischen (**Abschnitt B-Einsatz**) und chemischen Gefahrstoffen (**Abschnitt C-Einsatz**) zu beachten haben.

Vorbehaltlich der geltenden landesrechtlichen Regelungen ist zu beachten:

- Feuerwehrangehörige sind keine beruflich strahlenexponierten Personen im Sinne der Strahlenschutzverordnung (StrlSchV).
- Beim ABC-Einsatz handelt es sich nicht um gezielte Tätigkeiten nach Biostoffverordnung (BioStoffV).
- Der ABC-Einsatz ist keine Tätigkeit mit Gefahrstoffen im Sinne des § 2(4) Gefahrstoffverordnung (GefStoffV).

Für Angehörige von Werkfeuerwehren können aufgrund ihrer Betriebszugehörigkeit besondere Vorschriften gelten.

Für die Gefahrenabwehr bei ABC-Gefahrstoffen können besondere Zuständigkeitsregelungen getroffen sein, so dass die Feuerwehr nur Sofortmaßnahmen bis zum Tätigwerden der zuständigen Stelle durchzuführen hat. Dieses gilt besonders für militärische Objekte.

Grundsätzlich bilden die Einsatzkräfte einen Personenkreis, der nur aufgrund eines Schadenereignisses im Einzelfall einer vorher nicht bekannten Anzahl, Art und Menge an Gefahrstoffen ausgesetzt sein kann.

Neben den Feuerwehr-Dienstvorschriften sind insbesondere zu beachten:

- DIN-Normen sowie einschlägige technische Regeln;
- Richtlinien, z. B. der Vereinigung zur Förderung des Deutschen Brandschutzes e.V. (vfdb), die ergänzend zu dieser Dienstvorschrift technische und taktische Einzelheiten beschreiben.

Die Funktionsbezeichnungen gelten sowohl für weibliche als auch für männliche Feuerwehrangehörige.

1.1 Gefährdung durch ABC-Gefahrstoffe

Von den ABC-Gefahrstoffen können die Gefahren der Inkorporation, der Kontamination und der gefährlichen Einwirkung von außen ausgehen.

Inkorporation

ist die Aufnahme gefährlicher Stoffe in den Körper.

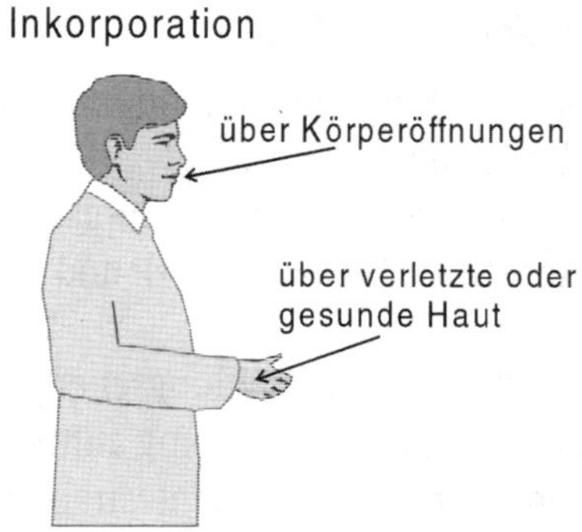

Grundsatz: Eine Inkorporation ist auszuschließen!

Kontamination

ist die Verunreinigung der Oberflächen von Lebewesen, des Bodens, von Gewässern und Gegenständen mit ABC-Gefahrstoffen.

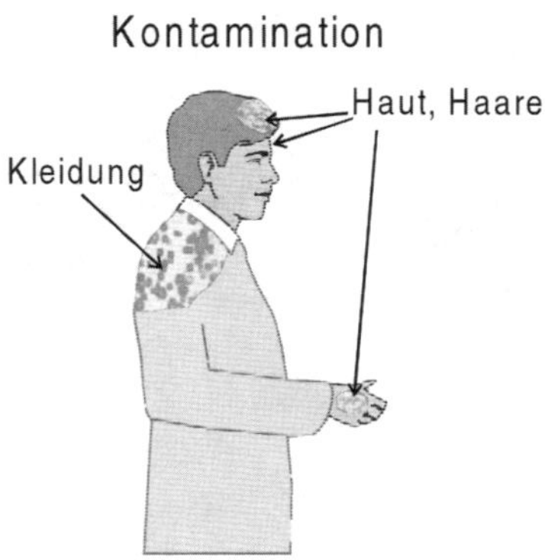

**Grundsatz: Eine Kontamination ist zu vermeiden, zumindest ist sie so gering wie möglich zu halten!
Eine Kontaminationsverschleppung ist zu verhindern.**

Gefährliche Einwirkung von außen

ist die Einwirkung von Strahlungsenergie und/oder mechanischer Energie auf ein Lebewesen oder Objekt.

Eine gefährliche Strahlungsenergie geht hauptsächlich von radioaktiven Stoffen aus, insbesondere ist sie bei Gamma(γ)- und Neutronen-Strahlern zu erwarten.

Eine gefährliche Einwirkung von Strahlungsenergie kann auch durch alle elektromagnetischen Felder größerer Leistung auftreten, wie z. B. bei Röntgen- oder Radarstrahlen, Ultraviolett-, Wärmestrahlung und Lasern.

Unter einer gefährlichen Einwirkung von mechanischer Energie ist die Einwirkung von Druck – einschließlich Schallwellen – und Splittern/Trümmern zu verstehen, die bei einer Explosion oder einem Behälterzerknall entstehen können.

Einwirkung von außen

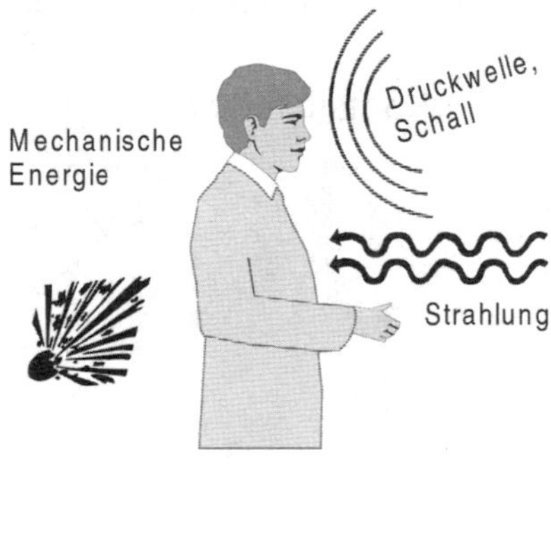

Grundsatz: Jede gefährliche Einwirkung von Energie ist so gering wie möglich zu halten.
Jede gefährliche Einwirkung von mechanischer Energie ist zu verhindern.

1.2 Vorbereitende Maßnahmen

1.2.1 Gefahrengruppen

Bereiche mit ABC-Gefahrstoffen werden bei der **Einsatzvorbereitung** entsprechend den durchzuführenden Maßnahmen in drei Gefahrengruppen eingeteilt:

Gefahrengruppe I:

Bereiche, in denen die Einsatzkräfte ohne Sonderausrüstung tätig werden dürfen.

Zur Vermeidung einer Inkorporation soll jedoch Atemschutz getragen werden. Allgemeine Verhaltensregeln für den Einsatz in Industrieanlagen oder Laboratorien sind zu beachten.

Gefahrengruppe II:

Bereiche, in denen die Einsatzkräfte nur mit Sonderausrüstung und unter besonderer Überwachung und Dekontamination/Hygiene tätig werden dürfen.

Gefahrengruppe III:

Bereiche, in denen Einsatzkräfte nur mit Sonderausrüstung und unter besonderer Überwachung und Dekontamination/Hygiene tätig werden dürfen **und** deren Eigenart die Anwesenheit einer fachkundigen Person (siehe

Teil II) notwendig macht, die während des Einsatzes die entstehende Gefährdung und die anzuwendenden Schutzmaßnahmen beurteilen kann.

Diese drei Gefahrengruppen werden je nach Zugehörigkeit des Gefahrstoffes mit dem Buchstaben A für radioaktive (IA, IIA, IIIA), B für biologische (IB, IIB, IIIB) und C für chemische Gefahrstoffe (IC, IIC, IIIC) unterschieden.

Detaillierte Angaben über die Bedingungen der Zuordnung zu den Gefahrengruppen sind im Teil II dieser Dienstvorschrift aufgeführt.

Transporte

Transporte von gefährlichen Gütern werden nach besonderen Vorschriften klassifiziert und gekennzeichnet. Eine vorbereitende Einteilung in Gefahrengruppen ist hier im Einzelfall nicht möglich.

Bei Einsätzen im Zusammenhang mit Transporten ist deshalb zunächst wie bei Einsätzen in Bereichen der Gefahrengruppe II zu verfahren.

Einsätze mit terroristischem Hintergrund

Bei Ereignissen, bei denen der Einsatz von Kampfstoffen oder von ABC-Gefahrstoffen ähnlicher Eigenschaften vermutet wird, ist grundsätzlich wie bei der Gefahrengruppe III zu verfahren.

1.2.2 Einsatzplanung

1.2.2.1 Fachliche Beratung

Für die Vorbereitung und Durchführung von Feuerwehreinsätzen sollen zur Beratung oder Mitwirkung sachverständige Stellen und fachkundige Personen herangezogen werden, die aufgrund ihrer besonderen Fachkenntnisse, Ausrüstungen, Einrichtungen oder sonstiger Mittel in der Lage sind, den Feuerwehreinsatz zu unterstützen.

Sachverständige Stellen können z. B. sein:

- Betroffene Einrichtungen mit fachkundigen Betriebsangehörigen;
- Ordnungsbehörden;
- Gewerbeaufsichtsbehörden;
- Behörden für Arbeitsschutz;
- Umweltbehörden;
- Gesundheitsbehörden;
- Bergbaubehörden;
- Wasserwirtschaftsbehörden;
- technische Behörden und Ämter auf kommunaler Ebene, Kreis- oder Regierungsebene (z. B. Tiefbauamt, Stadtreinigungsamt);
- Umweltbundesamt, Bundesanstalt für Materialforschung und -prüfung (BAM), Physikalisch-Technische Bundesanstalt (PTB), Bundesamt für Strahlenschutz, Robert-Koch-Institut und ähnliche Einrichtungen auf Bundesebene;
- Hochschulen, Universitäten;
- Pflanzenschutzämter;
- Veterinärämter;
- Katastrophenschutzdienststellen;
- Analytische Task Force (ATF);
- Regionale Strahlenschutzzentren;
- Informations- und Behandlungszentren für Vergiftungsfälle, insbesondere Toxisches Informationszentrum (MEDITOX);
- Kompetenzzentren Infektionsschutz;
- Chemiefirmen, insbesondere im Rahmen von TUIS (Transport-Unfall-Informations- und Hilfeleistungs-System);
- Speditionen und Reedereien für gefährliche Güter;
- Werkfeuerwehren und Betriebsfeuerwehren;
- Streitkräfte;
- Energieversorgungsunternehmen und
- Kampfmittelräumdienste.

Für ABC-Einsätze sollen Fachberater in der Feuerwehr zur Verfügung stehen.

Regionale Einsatzplanung

Um das Zusammenwirken mehrerer Feuerwehren im ABC-Einsatz zu ermöglichen, müssen folgende Punkte abgestimmt werden:

- Personal (z. B. spezielle ABC-Einheiten, Fachberater, fachkundige Personen);
- Aus- und Fortbildung (Mannschaft, Führungskräfte);
- Ausstattung (Sondergeräte, -fahrzeuge);
- taktisches Konzept und
- Alarm- und Ausrückeordnung.

1.2.2.2 Aufstellung von Feuerwehr- und Einsatzplänen für besondere Objekte

Mindestens für die Bereiche der Gefahrengruppen II und III sind Feuerwehrpläne und Einsatzpläne zu erstellen.

Feuerwehrpläne sind vom Betreiber im Benehmen mit der Feuerwehr anzufertigen. Einsatzpläne sollen neben allgemeinen Angaben (Anfahrts-, Rettungs- und Angriffswege, Wasserentnahmestelle usw.) insbesondere enthalten:

- Festlegungen zur erforderlichen Anwesenheit von Fachberatern/fachkundigen Personen;
- die Grenzen der Bereiche mit Gefahrengruppen sowie weitere Bereiche (z. B. Kontroll- und/oder Sperrbereiche nach StrlSchV) mit Schleusen und besonderen Zugängen anhand von Lage- und Grundrissplänen;
- Hinweise auf Löscheinrichtungen, Löschmittel und Löschwasser-Rückhalteanlagen;
- Namen, Anschriften, Telefon- und Faxnummern von
- zu verständigenden Aufsichts- und Fachbehörden

- Spezialisten ortsansässiger Betriebe oder besonders fachkundigen Personen aus der Umgebung (z. B. TUIS)
- Krankenhäusern und Spezialkliniken oder Ärzten (z. B. für Brandverletzungen, Strahlenschäden, Verätzungen, Vergiftungen)
- Betrieben, Speditionen und Organisationen mit besonderen Ausrüstungen und Einrichtungen (z. B. Auffangbehälter, Tankwagen, Sand, Abdichtmaterial, verschiedene Bindemittel für befestigte Oberflächen oder Gewässer sowie Öle oder Säuren/Laugen).

Über besonders gefährdete Bereiche wie Abwasseranlagen, Kläranlagen, Wasserschutzgebiete, offene Gewässer sowie dafür zuständige Behörden und eventuelle Hilfsmöglichkeiten sind Informationen zu beschaffen.

1.3 Sonderausrüstung

Zur Bekämpfung von Schadenfällen in Verbindung mit ABC-Gefahrstoffen und deren Beseitigung benötigen die Feuerwehren neben der allgemeinen Ausrüstung eine Sonderausrüstung. Die Sonderausrüstung darf nur von den dafür ausgebildeten Einsatzkräften eingesetzt werden. Art, Umfang und Standort der Sonderausrüstung bestimmen sich nach Aufgabenstellung und zu erwartenden Einsätzen.

Für wesentliche Teile der Sonderausrüstung gibt es Prüf- und Zulassungsrichtlinien. Die Gebrauchsanleitung des Herstellers ist zu beachten.

Die Sonderausrüstung gliedert sich in die persönliche Sonderausrüstung und die sonstige Sonderausrüstung.

1.3.1 Persönliche Sonderausrüstung

Die persönliche Sonderausrüstung ist von jeder Einsatzkraft zu tragen, die den Gefahrenbereich betritt. Sie dient dem Schutz der Person vor Inkorporation und Kontamination.

Für die Ausrüstung der Einsatzkräfte am Dekon-Platz sind besondere Regelungen zu beachten.

1.3.1.1 Atemschutz

Für den sicheren ABC-Einsatz sind geeignete Atemschutzgeräte notwendig.

In Abhängigkeit von der Lage können Filter- oder Isoliergeräte zum Einsatz kommen.

Dabei ist zusätzlich zu den Einsatzgrundsätzen der FwDV 7 „Atemschutz“ besonders zu beachten:

Filtergeräte:

Der Einsatz der Filter muss auf die Art und Konzentration der Schadstoffe abgestimmt sein. Feuerwehrfilter ABEK2-P3 sind in dieser Hinsicht im Allgemeinen geeignet.

Isoliergeräte:

- Behältergeräte sollen unter isolierenden Schutzanzügen (z. B. Chemikalienschutzanzüge, geschlossene Wärmeschutzkleidung) nur höchstens 30 Minuten genutzt werden, auch wenn das Behältergerät längere Einsatzzeiten zulassen würde!
- Der Einsatz ist so zu planen, dass für eine Dekontamination ausreichend Atemluft im Gerät verbleibt. Die Einsatzzeit kann verlängert werden, wenn der verwendete Körperschutz und die vorhandenen ABC-Gefahrstoffe am Dekon-Platz einen Wechsel auf Atemfilter zulassen.

Regenerationsgeräte:

- Regenerationsgeräte dürfen unter Chemikalienschutzanzügen Typ 1a-ET nicht eingesetzt werden.
- Die Geräte oder einzelne Komponenten können sich deutlich erwärmen!
- Durch die Erwärmung des Atemgases kommt es zu einer erheblichen zusätzlichen Belastung der Geräteträger.
- Der Einsatz ist so zu planen, dass für eine Dekontamination ausreichend Atemgas im Gerät zur Verfügung steht.

1.3.1.2 Körperschutz

Für den sicheren ABC-Einsatz ist eine geeignete Körperschutzausrüstung erforderlich. Kann im Verlauf eines Einsatzes nicht vollständig ausgeschlossen werden, dass es zum direkten Kontakt mit ABC-Gefahrstoffen kommt, ist eine der Lage angemessene Schutzkleidung zu tragen. Dies können sein:

- stoffbeständige Schutzhandschuhe,
- Stiefel,
- Schürzen,
- Gesichtsschutz,
- leichte Schutzkleidung (Einmalschutzanzug) mindestens Typ 4 nach DIN EN 465,
- Chemikalienschutzanzug (CSA),
- Kontaminationsschutzkleidung,
- Kälteschutz,
- Wärmeschutz,
- sonstige Schutzausrüstung für besondere Einsätze.

Da die Körperschutzkleidung unter Umständen beim Verlassen des Gefahrenbereichs abgelegt werden muss, ist Ersatzkleidung in ausreichender Anzahl bereitzuhalten.

Feuerwehr-Haltegurt und Feuerwehrleine werden nur angelegt, wenn die Einsatzlage dies erfordert. Zusätzlich zu den bei jeder Form des Körperschutzes zu tragenden stoffbeständigen oder Kontaminationsschutzhandschuhen sollten abhängig von der vorgesehenen Tätigkeit als Schutz vor mechanischen Beschädigungen Feuerwehrhandschuhe getragen werden. Hierzu sind Feuerwehrhandschuhe in Übergröße vorzuhalten.

Es ist zu beachten, dass Lederstiefel vor allem gegen aggressive Chemikalien und Lösemittel (oder auch Schaummittel) nicht ausreichend beständig sind. In diesen Fällen sind Vollgummi- oder Gesamtpolymerschuhe oder auch beständige Füßlinge zu tragen.

Bei tiefkalten Stoffen, z. B. flüssigem Stickstoff oder Ammoniak, sind geeignete Maßnahmen gegen Erfrierungen zu treffen.

Grundsätzlich ist bei der Verwendung von Schutzkleidung auf die Beständigkeitsliste des Herstellers zu achten.

Der Körperschutz wird nach den Formen 1 bis 3 unterschieden:

Körperschutz Form 1

Die Form 1 schützt ausschließlich gegen eine Kontamination mit festen Stoffen und stellt einen eingeschränkten Spritzschutz dar. Sie ist weder flüssigkeits- noch gasdicht.

Die Form 1 besteht aus der Schutzkleidung zur Brandbekämpfung und einer Schutzhaube zur Abdeckung freier Stellen im Hals/Kopf-Bereich. Eine Kontaminationsschutzhaube ist hier besonders geeignet.

Bei der Brandbekämpfung ist die Form 1 durchgängig zu tragen, wenn das thermische Risiko höher zu bewerten ist als eine mögliche Kontamination.

Körperschutz Form 2

Die Form 2 schützt ausschließlich gegen eine Kontamination mit festen und begrenzt auch mit flüssigen Stoffen. Sie stellt einen erweiterten Kontamina-

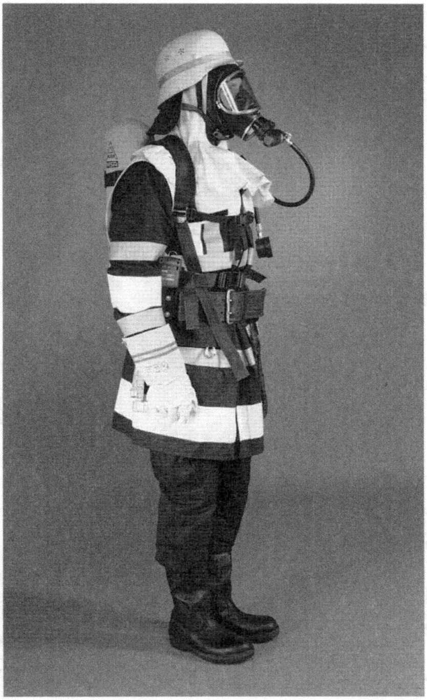

Schutzkleidung zur Brandbekämpfung mit Kontaminationsschutzhaube

tionsschutz dar, ist aber nur eingeschränkt gasdicht. Sie ist für alle Einsatzsituationen zulässig, in denen nicht zusätzliche Gefahren das Tragen der Form 3 notwendig machen. Es bestehen für den Träger weiterhin Gefahren der Kontamination und Inkorporation bei gefährlichen Gasen und Dämpfen.

Die Form 2 besteht aus einem Schutzanzug (z. B. Kontaminationsschutzanzug, Infektionsschutzanzug, Flüssigkeitsschutzanzug), der anstelle des Feuerwehrschutzanzuges getragen wird. Wegen der begrenzten Temperaturbeständigkeit der Schutzkleidungsmaterialien hat der Einsatzleiter über den Einsatz zur Brandbekämpfung gesondert zu entscheiden.

Kontaminationsschutzanzug speziell für den A-Einsatz

Infektionsschutzanzug speziell für den B-Einsatz

Infektionsschutzanzüge, bei denen Handschuhe und Füßlinge nicht angearbeitet sind, sollen an den Übergängen (Handschuhe und Stiefel) abgedichtet werden, z. B. mit Klebeband.

Körperschutz Form 3

Die Form 3 schützt gegen eine Kontamination mit festen, flüssigen und gasförmigen Stoffen. Sie ist einzusetzen, wenn Gefahren durch ABC-Gefahrstoffe einen umfassenden Schutz erforderlich machen.

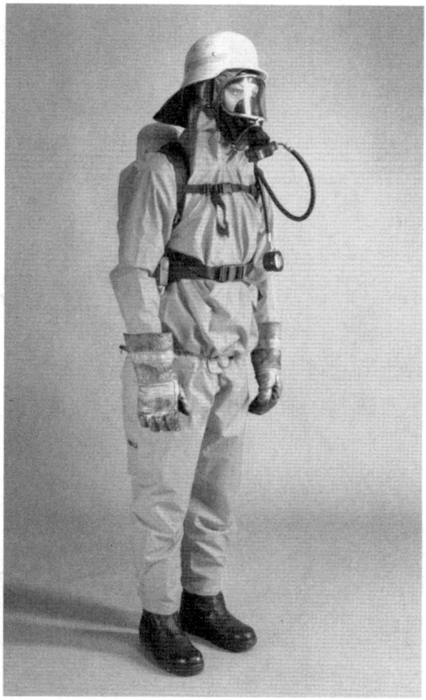

Flüssigkeitsschutzanzug speziell für den C-Einsatz

Chemikalienschutzanzüge werden nach DIN EN 943-2 unterteilt in:
Typ 1a-ET – „gasdichter" Chemikalienschutzanzug für die Verwendung durch Notfallteams mit einer *im* Chemikalienschutzanzug getragenen Atemluftversorgung, z. B. einem Behältergerät mit Druckluft (Pressluftatmer).
Typ 1b-ET – „gasdichter" Chemikalienschutzanzug für die Verwendung durch Notfallteams mit *außerhalb* des Chemikalienschutzanzuges getragenen Atemluftversorgung, z. B. einem Behältergerät mit Druckluft (Pressluftatmer).

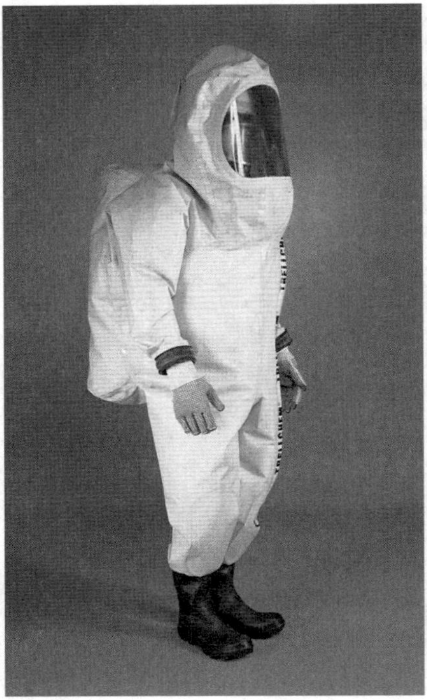

gasdichter Chemikalienschutzanzug Typ 1a-ET

gasdichter Chemikalienschutzanzug Typ 1b-ET

Chemikalienschutzanzüge sind in der Regel nur unzureichend gegen hohe Temperaturen (Brände, Heißdampf) oder tiefe Temperaturen (verflüssigte Gase) beständig. Anzüge können brechen, schmelzen oder an Beständigkeit verlieren. Wegen der Temperaturempfindlichkeit der CSA hat der Einsatzleiter über den Einsatz der Form 3 in solchen Fällen gesondert zu entscheiden.

1.3.1.3 Dosismess- und Warngeräte

Zur Warnung vor einer Gefährdung von außen sind für bestimmte Einsätze Mess- und Warngeräte vorgesehen. Der Träger wird bei Erreichen eines festgelegten Einsatzrichtwertes gewarnt.

1.3.2 Sonstige Sonderausrüstung

Die Teile der sonstigen Sonderausrüstung sind zur Erkundung der Gefahren an ABC-Einsatzstellen und deren Eingrenzung erforderlich. Sie werden je nach Lage zum Einsatz gebracht.

1.3.2.1 Schutzausrüstung am Dekon-Platz

Filtergeräte

In der Regel ist am Dekon-Platz ein Inkorporationsschutz gegen staubförmige oder gasförmige Gefahrstoffe oder Aerosole geringer Konzentration ausreichend. Der Feuerwehrfilter ABEK2-P3 ist hierfür geeignet.

Leichte Schutzkleidung

Zum Schutz vor Kontamination des Trupps am Dekon-Platz sind auch Einmalschutzanzüge gut geeignet.

1.3.2.2 Nachweisgeräte

Zur Erkundung und Beurteilung sowie zur Dokumentation können beim ABC-Einsatz verschiedene Nachweisgeräte an der Einsatzstelle und in deren Umgebung eingesetzt werden.

Folgende Gerätegruppen sind in Abhängigkeit von der Lage und den vorhandenen Gefahrstoffen geeignet:

Geräte zum Nachweis
- explosionsfähiger Gas/Dampf-Luft-Gemische,
- sonstiger gefährlicher Gase und Dämpfe,
- des Sauerstoffgehalts,
- gefährlicher fester und flüssiger Stoffe und/oder
- gefährlicher Strahlung.

1.3.2.3 Sonstige Geräte und Materialien

Für die Probenahme oder zur Dokumentation sind geeignete Behälter und Dokumentationsmittel erforderlich.

Für das Markieren der Gefahrenbereiche ist geeignetes Absperrmaterial mitzuführen.

Für die Beseitigung bestehender Gefahren sind spezielle Geräte, Reinigungs- und Verbrauchsmaterialien erforderlich.

1.3.3 Instandhaltung

Die Sonderausrüstung ist sorgfältig zu behandeln, zu warten und regelmäßig zu prüfen. Prüffristen nach Herstellerangaben sind zu beachten. Für jedes Gerät sind entsprechende Prüf- und Checklisten anzulegen.

Zur Überprüfung sowie zur Sicht- und Funktionskontrolle sind die Gerätewarte besonders zu qualifizieren.

1.4 Aus- und Fortbildung

Für Einsätze in Verbindung mit ABC-Gefahrstoffen sind dafür ausgebildete Einsatzkräfte erforderlich.

Die Ausbildung gliedert sich in:

- ABC-Einsatz
- Führen im ABC-Einsatz
- ABC-Dekontamination P/G
- ABC-Erkundung

Die Mindestanforderungen an die Ausbildung sind in der FwDV 2 „Ausbildung der Freiwilligen Feuerwehren“ festgelegt.

Für Einheiten, die für einen ABC-Einsatz vorgesehen sind, sind im jährlichen Ausbildungsdienst mindestens einmal

- eine Fortbildung zu Einsätzen mit ABC-Gefahrstoffen einschließlich der Dekontamination sowie
- eine Übung im Einsatz mit ABC-Gefahrstoffen durchzuführen.

Hierbei ist auf die Zusammenarbeit mehrerer Feuerwehren sowie weiterer zuständiger Stellen, z. B. Rettungsdienst, Polizei, Umweltbehörden, besonderer Wert zu legen.

1.5 Einsatz

In vielen Fällen müssen sich die Einsatzkräfte der Feuerwehr, die zuerst alarmiert wurden und an der Einsatzstelle eintreffen, wegen fehlender oder nicht ausreichender Sonderausrüstung und Ausbildung darauf beschränken, erste Maßnahmen zur Sicherung der Einsatzstelle und zur Rettung gefährdeter Personen einzuleiten. Hierbei trägt der Einsatzleiter eine besondere Verantwortung für die Sicherheit seiner Einsatzkräfte. Er muss unverzüglich die Alarmierung weiterer ausgebildeter Einsatzkräfte mit der erforderlichen Sonderausrüstung veranlassen.

1.5.1 Lagefeststellung

Bei der Erkundung des Schadenereignisses/der Schadenlage ist eine frühe Feststellung von Art, Eigenschaft und Menge der beteiligten ABC-Gefahrstoffe sowie ihre Auswirkungen auf Menschen, Tiere und Umwelt von entscheidender Bedeutung.

Zur eindeutigen Klärung der Eigenschaften vorhandener Stoffe und der von ihnen ausgehenden Gefahren, müssen die Einsatzkräfte alle zur Verfügung stehenden Informationsmöglichkeiten nutzen. Die Ergebnisse sind in die Lagebeurteilung einzubeziehen.

Es gibt grundsätzlich drei Informationsmöglichkeiten:

- eigene Wahrnehmungen,
- Informationsquellen (z. B. Fahrer, fachkundige Personen, Begleitpapiere, Kennzeichnung),
- Gefahrstoffnachweis an der Einsatzstelle.

Zur Informationsgewinnung wird folgendes Stufenkonzept angewendet:
Stufe 1: Sofortinformation (z. B. Gefahrzettel, Feuerwehrpläne)
Stufe 2: Kurzinformation (z. B. Betriebsanweisungen, Sicherheitsdatenblätter, Begleitpapiere)
Stufe 3: Detaillierte Information (z. B. Datenbanken, Nachschlagewerke)
Stufe 4: Experteninformation (z. B. Spezialisten, besondere Gefahrguteinheiten)

Das Verfahren zur Feststellung des ABC-Gefahrstoffes oder der Stoffgruppe, insbesondere die Ermittlung der Stoffeigenschaften und der zu treffenden Einsatzmaßnahmen, kann an Einsatzstellen zeitraubend und schwierig und in einigen Fällen, insbesondere bei B-Einsätzen, zeitnah nicht möglich sein. Oft stehen die notwendigen Unterlagen am Einsatzort nicht zur Verfügung. Dies macht es erforderlich, die (Feuerwehr-)Leitstellen, die auf diese Aufgaben entsprechend vorbereitet sein müssen, in die Ermittlungsaufgaben einzubeziehen und dort die benötigten Informationen abzurufen.

Bei der Übertragung von Daten ist auf die sichere Übermittlung sowohl von Produktnamen als auch der damit zusammenhängenden Informationen zur Einsatzleitung zu achten! Die Übertragung erfolgt daher am besten schriftlich per Mobilfax oder Datenfunk oder durch Buchstabieren mittels Buchstabiertafel gemäß PDV/DV 810.3 „Sprechfunkdienst".

Bei Schadenfällen in Betrieben, Lägern oder Umschlagstellen für ABC-Gefahrstoffe steht in der Regel neben betrieblichen Einsatzplänen fachkundiges Personal nur während der Arbeitszeit zur Verfügung.

Achtung:
Ladung oder Versandstücke aber auch Lagerbehälter und Räumlichkeiten können falsch oder unklar gekennzeichnet sein. Außerdem sind ABC-Gefahrstoffe in Transporteinheiten erst ab einer bestimmten Menge oder verpackungsabhängig kennzeichnungspflichtig. Ein Vergleich der Begleitpapiere mit der Ladung (Plausibilitätsprüfung) ist nach Möglichkeit durchzuführen.

Es ist ferner besonders zu erkunden:

- Möglichkeit des Eindringens des gefährlichen Stoffes in Erdreich, Gewässer oder Umgebungsatmosphäre;
- Möglichkeit des Eindringens des gefährlichen Stoffes in Kanalisation, tiefliegende Räume oder Versorgungsleitungen;
- Möglichkeiten der besonderen Gefährdung der unmittelbaren oder mittelbaren Nachbarschaft.

1.5.2 Lagebeurteilung

Zur Beurteilung der möglichen Gefährdung ist für AC-Gefahrstoffe die zu erwartende Einsatzdosis aus der Einsatzzeit und der Dosisleistung oder der

Konzentration der Gefahrstoffe, für B-Gefahrstoffe das Infektionsrisiko abzuschätzen.

Für die Einschätzung dieser Gefahren sind Beurteilungswerte erforderlich, die einen Zusammenhang zwischen Einwirkdosis und der daraus resultierenden Gesundheitsgefahr oder Art des B-Gefahrstoffes und der daraus resultierenden Gesundheits- oder Infektionsgefahr herstellen.

Beurteilungswerte

Beurteilungswerte sind für die Lagebeurteilung nur dann sinnvoll, wenn die zugrundeliegenden Konzentrationswerte an der Einsatzstelle zeitnah auch ermittelt werden können. Dies ist derzeit für B-Gefahrstoffe nicht möglich.

Beurteilungswerte können herangezogen werden zur Abschätzung der

- Explosionsgefahr
  Prozentwert der unteren Explosionsgrenze in Luft (%-UEG)
- Gefahr durch ionisierende Strahlung
  Dosis, Dosisleistung und Kontamination
- Gesundheitsgefahr durch C-Gefahrstoffe
  Einsatztoleranzwerte (ETW) nach vfdb-Richtlinie 10/01
  Störfall-Konzentrationsleitwerte (AEGL-Acute exposure guideline levels):
  AEGL-2 für einen Expositionszeitraum von 4 h
  oder
  Arbeitsplatzgrenzwert (AGW) nach TRGS 900.

Ausbreitung

ABC-Gefahrstoffe können sich über die Atmosphäre, Gewässer oder durch Verschleppung ausbreiten. Es ist deshalb von besonderer Bedeutung, die meteorologischen und topographischen Verhältnisse zu berücksichtigen. Kontaminationsverschleppung durch Menschen, Tiere, Fahrzeuge und Geräte außerhalb des Gefahrenbereichs ist in die Beurteilung mit einzubeziehen. Mögliche Veränderungen sind zu beachten.

Es ist zu beurteilen, ob die Gefahr besteht, dass eine Stofffreisetzung erst während des Einsatzes ausgelöst werden kann.

1.5.3 Einsatzmaßnahmen

Die Vielzahl und Verschiedenartigkeit der denkbaren Schadenfälle lassen es nicht zu, für jeden möglichen Einzelfall Maßnahmen festzulegen. Dies trifft besonders zu, wenn ein Stoff in mehrfacher Hinsicht gefährlich oder wenn mit Gemischen mehrerer ABC-Gefahrstoffe zu rechnen ist.

Ein wesentliches Ziel der Einsatzmaßnahmen nach der Menschenrettung muss es sein, Freisetzung und Ausbreitung mit geeigneten Mitteln zu verhindern.

1.5.3.1 Fahrzeugaufstellung

Bei der Fahrzeugaufstellung ist zu beachten, dass die Fahrzeuge einsatzfähig und ungefährdet bleiben. Bei unklarer Lage ist ein Sicherheitsabstand von mindestens 50 m zum gemeldeten Objekt einzuhalten.

Bei ABC-Einsätzen ist außerdem besonders zu beachten:
- möglichst mit dem Wind anfahren;
- auf Windrichtungsänderungen achten;
- Fahrzeuge in Abhängigkeit vom Stoff (z. B. bei kalten oder Schwergasen) nicht in Senken aufstellen;
- auf Gefälle im Gelände achten und
- Fahrzeuge nicht im Gefahrenbereich aufstellen.

Stehen Fahrzeuge (z. B. des Ersteinsatzes oder für Sonderanwendungen) im Gefahrenbereich, so gelten diese bis zum Nachweis des Gegenteils als kontaminiert und dürfen den Gefahrenbereich nicht verlassen.

1.5.3.2 Erstmaßnahmen

In der ersten Einsatzphase kann es vorkommen, dass Einsatzkräfte **nicht** über eine umfassende ABC-Ausbildung und ABC-Ausrüstung verfügen. Sie können deshalb häufig nicht alle erforderlichen Einsatzmaßnahmen ergreifen. Sie können aber mindestens die folgenden Maßnahmen entsprechend der **GAMS**-Regel durchführen:

Gefahr erkennen
Absperren
Menschenrettung durchführen
Spezialkräfte alarmieren

Zur Rettung von Menschenleben siehe unter 1.5.3.4 „Besondere Einsatzsituationen".

1.5.3.3 Ergänzende Maßnahmen

Diese Maßnahmen ergänzen die Erstmaßnahmen. Erstmaßnahmen **und** ergänzende Maßnahmen können von ABC-Einsatzkräften getroffen werden und sind in der Regel bei allen ABC-Gefahrenlagen zuerst einzuleiten. Sie sind auch dann zu treffen, wenn Art, Eigenschaften und Menge der Gefahrstoffe noch nicht vollständig erkundet wurden.

Ergänzende Maßnahmen sind z. B.:
- Verhaltensanweisungen an gefährdete Personen geben;
- Einsatzkräfte schützen;
- Dekontamination/Desinfektion vorbereiten;
- Brandbekämpfung im Gefahrenbereich vorbereiten;
- Informationen über den Gefahrstoff einholen;

- Fachkundige Personen (Gefahrengruppe III) und sachverständige Stellen hinzuziehen;
- zuständige Behörden benachrichtigen.

Parallel zu diesen Maßnahmen ist die Erkundung der Gefahrenlage voranzutreiben, um so früh wie möglich die speziellen Maßnahmen einzuleiten.

Besteht der Verdacht, dass abfließendes Wasser (z.B. Löschwasser) mit ABC-Gefahrstoffen kontaminiert ist, so müssen Maßnahmen zur Verhinderung einer Ausbreitung (Löschwasserrückhaltung) getroffen werden.

1.5.3.4 Besondere Einsatzsituationen

Zur Menschenrettung muss unter Umständen eine erhöhte Eigengefährdung der Einsatzkräfte in Kauf genommen werden. Nach Entscheidung des Einsatzleiters können Einsatzkräfte zunächst ohne vollständige Sonderausrüstung vorgehen. Sie sind jedoch mindestens mit Isoliergeräten als Atemschutz auszurüsten. Zur Rettung von Menschenleben sind Einsatzkräfte zum Betreten von Bereichen der Gefahrengruppe III auch dann ermächtigt, wenn keine fachkundige Person zur Verfügung steht. Dies gilt nicht für Bereiche der Gefahrengruppe III mit besonderen Bedingungen, die im Teil II dieser Vorschrift gesondert aufgeführt sind.

Bei der Risikoabwägung trägt der Einsatzleiter hier eine besondere Verantwortung.

Bei der Ausbreitung luftgetragener Gefahrstoffe im Freien entscheidet der Einsatzleiter je nach Gefahrenlage, betroffene Personen unter gewissen Schutzvorkehrungen im Gefahrenbereich zu lassen oder diesen zu räumen.

Bei der Entscheidung ist zu berücksichtigen:

Gefährdung nach Freisetzung luftgetragener Gefahrstoffe		
Ereignis	**Maßnahme**	**Begründung**
Gefahrstoff im Freien	Personen im Gebäude belassen	Gefährdung außerhalb größer als im Gebäude
Gefahrstoff im Gebäude	Personen aus Gebäude herausführen	Gefährdung im Gebäude größer als außerhalb

1.5.3.5 Gefahren- und Absperrbereich

Bei allen ABC-Einsätzen sind um das Schadenobjekt ein Gefahrenbereich und ein Absperrbereich zu bilden. Dabei sind bezüglich der möglichen Ausbreitung die meteorologischen und topographischen Verhältnisse zu berücksichtigen.

Im Gefahrenbereich ist das Rauchen, Essen und Trinken verboten.

Der Absperrbereich dient als Aufstell-, Bewegungs- und Bereitstellungsfläche für Feuerwehr und Rettungsdienst. Folgende Abstände vom Schadenobjekt sind einzuhalten:

Gefahrenbereich (rot)
kürzester Abstand ca. 50 m

Zutritt nur für Einsatzkräfte unter persönlicher Sonderausrüstung.
Festlegen, Markieren und Sichern durch die Feuerwehr.

Absperrbereich (grün)
kürzester Abstand ca.100 m

Zutritt nur für die erforderlichen Einsatz- und Unterstützungskräfte.
Markieren und Sichern im Regelfall durch die Polizei.

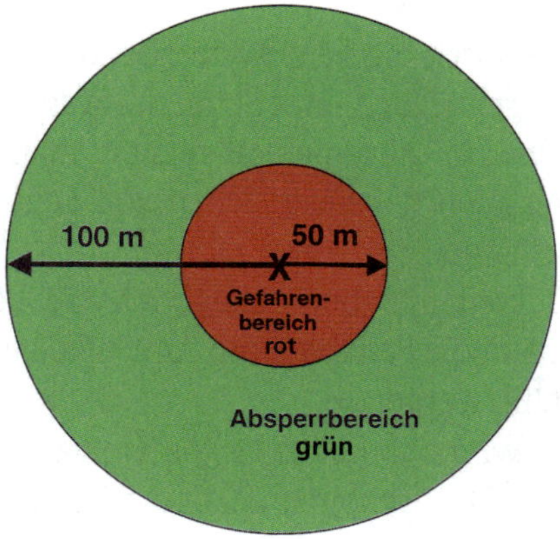

Schematische Darstellung von Gefahren- und Absperrbereich

Bei der Festlegung der Grenzen sind die Windverhältnisse zu berücksichtigen. Bereiche mit **Verdacht** auf Kontamination sind in den Gefahrenbereich mit einzubeziehen.

Ergibt die weitere Erkundung genauere Erkenntnisse über die Gefahrenlage, so sind Gefahrenbereich und Absperrbereich entsprechend anzupassen. Ist weder eine Gefährdung der Umgebung zu erkennen noch eine Gefahr außerhalb des Schadenobjektes gegeben, kann die Grenze des Gefahrenbereichs bis auf 5 m an das Schadenobjekt herangezogen werden.

Ist mit Sicherheit, z. B. durch Ortskenntnis oder weitere Erkundung, davon auszugehen, dass eine Gefährdung nur in einem bestimmten Teilbereich eines Gebäudes oder einer Anlage besteht, so kann die Grenze des Gefahrenbereichs auf Weisung des Einsatzleiters in das Gebäude oder die Anlage verlegt werden.

Bei bestehender Explosions- oder Zerknallgefahr ist der Gefahrenbereich erheblich zu erweitern und jede Deckungsmöglichkeit zu nutzen.

1.5.3.6 Dekontamination

Die Dekontamination durch die Feuerwehr (Dekon) ist die Grobreinigung von Einsatzkräften einschließlich ihrer Schutzkleidung, von anderen Personen sowie von Geräten. Im Allgemeinen versteht man darunter die Reduzierung der Kontamination der Oberflächen von Lebewesen, Boden, Gewässern oder Gegenständen.

Die eigentliche Dekontamination obliegt den Fachbehörden. Unter deren Verantwortung kann die Feuerwehr in Amtshilfe bei der Dekontamination unterstützend tätig werden.

In dieser Vorschrift wird nur auf die Dekontamination von Personen und Geräten eingegangen. Die Dekontamination von anderen Schutzgütern kann nach Vorgaben der zuständigen Fachbehörde unterstützt werden.

Bei Dekontaminationsmaßnahmen ist darauf zu achten, dass es zu keiner Kontaminationsverschleppung kommt.

Stufenkonzept

Das nachfolgende Stufenkonzept gilt für die Personendekontamination. Eine Übersicht enthält auch die Dekon-Matrix in der Anlage 2.

Dekon-Stufe I: Not-Dekontamination von Personen (Not-Dekon)
Sofort ab dem Einsatz des ersten Trupps im Gefahrenbereich sicherzustellen! Notwendig z. B. bei Beschädigung der Schutzausrüstung, bei Kontamination der Haut, bei Atemluftmangel oder bei Verletzungen, die sofort behandelt werden müssen.

Dekon-Stufe II: Standard-Dekontamination
ist bei jedem ABC-Einsatz unter persönlicher Sonderausrüstung (z. B. CSA, Kontaminationsschutzanzug) sicherzustellen.

Dekon-Stufe III: Erweiterte Dekontamination im ABC-Einsatz
Ist anzuwenden bei Dekon-Maßnahmen für eine größere

Anzahl von Personen und/oder starker oder schwer löslicher Verschmutzung.

Dekontaminationsplatz (Dekon-Platz)

Ein Dekon-Platz ist bei jedem ABC-Einsatz der Gefahrengruppen II und III einzurichten und abzugrenzen.

Seine Lage wird durch den für die Dekontamination zuständigen Einheitsführer in Absprache mit der Einsatzleitung festgelegt. Er sollte an der windzugewandten Seite außerhalb des Gefahrenbereichs liegen. Außerdem ist auf die gute Erreichbarkeit und auf die Ver- und Entsorgungsmöglichkeiten (Strom, Wasser, Abwasser) zu achten.

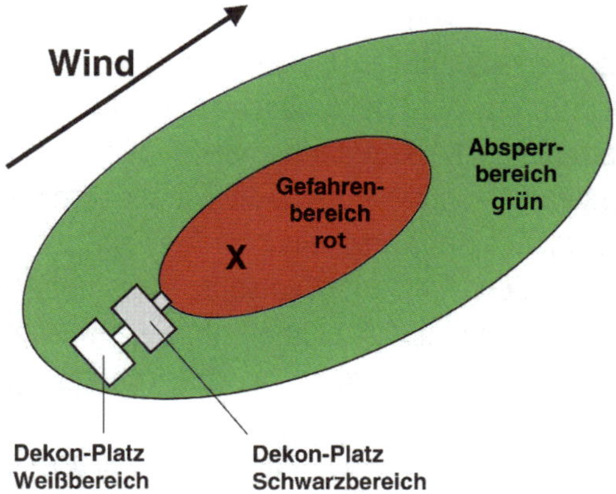

Der Dekon-Platz ist in einen „Schwarzbereich“ (unreine Seite) und einen „Weißbereich“ (reine Seite) zu unterteilen. Grenzen, Zugangswege und Trennlinien sind deutlich zu markieren. Am Dekon-Platz werden die aus dem Einsatz im Gefahrenbereich kommenden Einsatzkräfte und ihr Gerät auf Kontamination überprüft und je nach Lage grob dekontaminiert und die kontaminierte Schutzkleidung abgelegt. Erst dann dürfen sie den Schwarzbereich verlassen.

Der Dekon-Platz muss grundsätzlich *spätestens 15 Minuten* nach dem ersten Anlegen einer persönlichen Sonderausrüstung (Anschluss des Pressluftatmers) betriebsbereit sein!

Zur Menschenrettung kann der Einsatzleiter Ausnahmen zulassen.

Ist eine spezielle Dekon-Einheit vorhanden, so ist diese zu alarmieren, sobald ein Einsatz unter persönlicher Sonderausrüstung abzusehen ist.

Dekontamination von Personen (Dekon P)

Kontaminierte Personen sind, soweit möglich und medizinisch erforderlich, noch vor Ort zu dekontaminieren oder zu desinfizieren. Weitere Maßnahmen sind von der zuständigen Fachbehörde zu veranlassen.

Bei Einsätzen mit radioaktiven Gefahrstoffen ist eine Kontaminationskontrolle durchzuführen. Wird die dreifache Nullrate überschritten, gilt die Person als kontaminiert. Die Kontaminationsfreiheit einer zuvor als kontaminiert festgestellten Person muss durch die Fachbehörde bestätigt werden.

Besteht der Verdacht einer Kontamination der Feuerwehrschutzkleidung oder der Kleidung anderer Personen, so sollte diese noch auf dem Dekon-Platz (Schwarzbereich) möglichst schnell abgelegt und gegen Ersatzkleidung (Weißbereich) getauscht werden, um eine Kontamination der Haut zu vermeiden.

Besteht der Verdacht auf eine Kontamination der Körperoberfläche, so sollte die Haut der Person nicht erwärmt werden (z. B. nicht heiß, sondern nur „lauwarm" duschen!), um ein Öffnen der Poren und damit ein weiteres Eindringen des Schadstoffes zu vermeiden. Gelangen Schadstoffe auf die Haut, so sind sie möglichst umgehend zu entfernen. Hierbei ist vor allem darauf zu achten, dass die Kontamination nicht weiter auf der Haut verteilt wird (z. B. nicht abreiben, sondern abtupfen). Die abschließende Behandlung einer Kontamination bleibt der fachlich zuständigen Behörde oder medizinischem Personal vorbehalten.

Besteht der Verdacht auf Kontamination oder Inkorporation, so ist die Person auf jeden Fall einem geeigneten Arzt vorzustellen. Dabei ist möglichst auf die Art der Kontamination (Ort und Stoff, Dauer der Einwirkung) hinzuweisen.

Kontaminierte Personen sind zu registrieren.

Besteht die Notwendigkeit, Personal und Schutzanzüge erneut einzusetzen, ist eine Dekontamination durchzuführen. Dabei ist in jedem Fall eine Kontaminationsverschleppung in das Anzuginnere zu verhindern.

Kontaminierte Verletzte:

Grundsätzlich ist zu beachten:
Lebensrettende Sofortmaßnahmen gehen vor (Grob-)Dekontamination. Dabei ist der Eigenschutz zu beachten.

Kontaminierte Verletzte sind – soweit medizinisch vertretbar – unter Verantwortung und Anleitung durch den Rettungsdienst (Notarzt) zu dekontaminieren. Dabei ist darauf zu achten, dass keine Schadstoffe (z. B. durch Mund, Nase, Ohren oder offene Wunden) inkorporiert werden. Gegebenenfalls sind diese vorher abzudecken.

Bei einigen ABC-Gefahrstoffen, die bei Kontaminationsverschleppung eine erhebliche Schadenausweitung hervorrufen würden (z. B. Kampfstoffe, besonders B-Kampfstoffe und ansteckungsgefährliche Stoffe), ist eine Dekontamination/Desinfektion an der Einsatzstelle erforderlich.

Der Rettungsdienst ist über eine Kontamination oder einen Kontaminationsverdacht zu informieren. Dabei ist nach Möglichkeit anzugeben:

- Art der Kontamination (vermuteter Stoff und kontaminierte Fläche),
- Grad der Kontamination,
- ungefähre Dauer der Einwirkung und
- bisherige Gegen- oder Dekon-Maßnahmen.

Bei der Einlieferung solcher Verletzter ins Krankenhaus ist dafür zu sorgen, dass der Rettungsdienst (z. B. die RTW-Besatzung) diese Informationen weitergibt. Nach Möglichkeit ist das Krankenhaus vorab über die bevorstehende Aufnahme eines kontaminierten Patienten und die Art des ABC-Gefahrstoffs zu informieren.

Dekontamination von Geräten (Dekon G)

Einsatzgeräte

Soweit möglich, ist an der Einsatzstelle eine „Grobreinigung" kontaminierter Geräte durchzuführen. Dabei soll primär die Transportfähigkeit hergestellt werden. Außerdem wird durch eine frühzeitige Dekontamination eine mögliche (weitere) Reaktion des Materials mit dem Gefahrstoff verhindert.

Kontaminiertes Gerät muss vor Ort in geeigneter Weise verpackt (z. B. Foliensack) und gekennzeichnet werden (z. B. Anhänger/Aufkleber mit Einsatzort, -datum, Inhalt, Art der Kontamination) und verbleibt in unmittelbarer Nähe des Weißbereiches des Dekon-Platzes, soweit dort von den kontaminierten Geräten keine messbare Strahlung ausgeht.

Der Transport des grob dekontaminierten Geräts darf nicht im Mannschaftsraum der Fahrzeuge durchgeführt werden.

Mit der zuständigen Behörde ist das weitere Vorgehen abzustimmen.

Bei Großschadenereignissen muss lageabhängig entschieden werden, ob und wie grob gereinigte Geräte erneut eingesetzt werden können.

Fremde Geräte

Soweit technisch möglich, werden Gefahrstoffe und kontaminierte Gegenstände zur unmittelbaren Gefahrenabwehr und zum Schutz der Umwelt von der Feuerwehr sicher gestellt. Nach sicherer Verpackung verbleiben diese möglichst vor Ort im Gefahrenbereich.

Ihr Abtransport ist nur dann zu veranlassen, wenn die Entsorgung durch die zuständige Behörde nicht gesichert ist.

1.5.3.7 Spezielle Maßnahmen

Spezielle Maßnahmen sind je nach Art des ABC-Gefahrstoffes und der Gefahrenlage zusätzlich zu den Erst- und den ergänzenden Maßnahmen zu treffen. Sie hängen sehr stark von Art, Eigenschaft und Menge der Gefahrstoffe ab und können erst nach einer weitergehenden Erkundung der Gefahrenlage geplant und eingeleitet werden.

Da die speziellen Maßnahmen eng mit den Gefahrstoffen und deren Eigenschaften verknüpft sind, sind sie im Teil II dieser Dienstvorschrift erläutert.

1.5.3.8 Abschließende Maßnahmen

Zum Abschluss des Einsatzes sind u. a. folgende Maßnahmen durchzuführen:

Aufräumungsarbeiten
Aufräumungsarbeiten durch die Feuerwehr werden nur im Rahmen der Gefahrenabwehr durchgeführt.

Belange der Spurensicherung (Rücksprache mit den Strafverfolgungsbehörden) sind möglichst zu beachten.

Übergabe der Einsatzstelle/des Gefahrenbereichs
Der Gefahrenbereich wird bei ABC-Einsätzen grundsätzlich nicht von der Feuerwehr freigegeben, sondern immer an die zuständige Behörde übergeben.

Dies kann z. B. sein
- Straßenbaulastträger (z. B. bei Ölspur),
- Umweltbehörde,
- Gesundheitsbehörde,
- Untere Wasserbehörde oder
- Gewerbeaufsichtsamt.

Sind diese Stellen nicht verfügbar, so wird die Einsatzstelle zur weiteren Absicherung/Absperrung an die zuständige Ordnungsbehörde übergeben, wenn von der Einsatzstelle keine weitere Gefahr ausgehen kann.

Ausrüstung
Kontaminierte Ausrüstungsgegenstände sind in geeigneter Weise zu verpacken und zu kennzeichnen. Über eine fachgerechte Reinigung oder Entsorgung ist zu entscheiden.

Bedarfsweise Überwachung der Einsatzkräfte
Kontaminierte Einsatzkräfte oder Einsatzkräfte, bei denen eine Dosisüberschreitung vorliegt oder der Verdacht auf Inkorporation besteht, sind nach einer Dekontamination einem geeigneten Arzt vorzustellen. Anforderungen an geeignete Arzte sind in den Abschnitten des Teils II dieser Vorschrift genannt.

Besondere Vorkommnisse während eines ABC-Einsatzes, insbesondere Verletzungen sowie die Einwirkung von ABC-Gefahrstoffen auf die Einsatzkräfte durch Inkorporation, Kontamination oder gefährliche Einwirkung von außen, sind zu dokumentieren und mindestens 30 Jahre aufzubewahren.

Die Gefahr einer Kontaminationsverschleppung im Rahmen der abschließenden Maßnahmen ist besonders zu beachten.

1.5.4 Einsatzdurchführung

Tätigkeiten an ABC-Einsatzstellen sind häufig sehr umfangreich. Standardisierte Abläufe können daher die Einsatzbewältigung erleichtern.

Folgende grundsätzliche Einsatzstellenorganisation wird empfohlen:

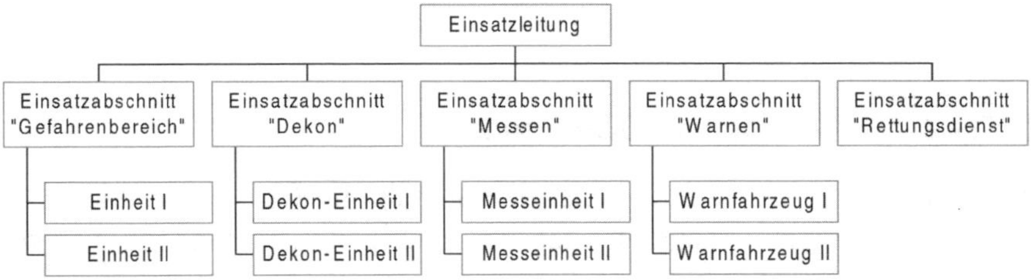

Beispiel für die Aufbauorganisation einer ABC-Einsatzstelle

- Landesrechtliche Regelungen zur Bildung der Einsatzleitung sind zu beachten.
- Nicht immer sind alle Abschnitte erforderlich.
- Je nach Lage kann die Bildung von Unterabschnitten erforderlich werden!

1.5.4.1 Aufgaben im ABC-Einsatz

Da bei einem ABC-Einsatz grundsätzlich Aufgaben zur
- Sicherung der Einsatzstelle
- Gefahrenabwehr und
- Dekontamination

anfallen, ist die kleinste selbstständige taktische Einheit an ABC-Einsatzstellen der Zug. Nur für kleine, im Risiko klar begrenzte und abgeschlossene ABC-Einsätze kann auch eine Gruppe ausreichend sein.

Für umfangreichere Aufgaben und für den längeren und parallelen Einsatz mehrerer Trupps mit Sonderausrüstung ist jedoch ein Verband erforderlich.

Im Folgenden wird die über die FwDV 3 „Einheiten im Lösch- und Hilfeleistungseinsatz“ hinausgehende Aufgabenverteilung im ABC-Einsatz festgelegt.

1.5.4.2 Die Gruppe im ABC-Einsatz

Die Gruppe im ABC-Einsatz kann selbstständig nur für die Durchführung der ersten Einsatzmaßnahmen oder von Aufträgen kleineren Umfangs mit klar begrenztem Risiko eingesetzt werden! Insbesondere ist der Einsatz von Körperschutz Form 2 und 3 ohne weitere Einheiten zur Dekontamination und Personal für weitere Trupps unter Chemikalienschutzanzug nicht möglich.

Für eine Gruppe ist die persönliche Ausrüstung durch die persönliche Sonderausrüstung für sechs Einsatzkräfte zu ergänzen.

Aufgaben

Der **Gruppenführer**
legt in einem ersten Entschluss den Gefahrenbereich fest.

Er erkundet außerhalb des möglichen Gefahrenbereichs.

Je nach Lage nimmt er Verbindung mit fachkundigen Personen auf, überwacht den Einsatz seines Personals und ist vor allem dafür verantwortlich, dass der Gefahrenbereich nicht ohne Sonderausrüstung betreten und nicht ohne geeignete Dekontamination verlassen wird.

Der Gruppenführer hat rechtzeitig für weitere Kräfte (mindestens eine Dekon-Einheit) und für die unverzügliche Heranführung weiterer Isoliergeräte zu sorgen.

Stehen diese erforderlichen Atemschutzgeräte sowie notwendige Sonderausrüstung einschließlich des ausgebildeten Personals nicht schnell genug zur Verfügung, so ist der Einsatz rechtzeitig (bei Behältergeräten nach ca. zehn Minuten) zu unterbrechen.

Der **Maschinist**
hilft bei der Entnahme der Geräte und beim Anlegen der Sonderausrüstung. Er macht die Nachweisgeräte einsatzbereit und übernimmt deren Registrierung sowie die Durchführung der Atemschutz- und Dosisüberwachung.

Der **Angriffstrupp**
rettet und übernimmt den ABC-Ersteinsatz (Abdichten, Auffangen, Löschen, technische Hilfeleistung). Er trägt die persönliche Sonderausrüstung. Bei besonderen Lagen wird er auf Befehl des Gruppenführers durch den Melder verstärkt.

Der Truppführer übernimmt die ausführliche Kommunikation mit dem Gruppenführer und weitere Erkundungsaufträge, insbesondere über Art und Menge des Gefahrstoffes.

Der **Wassertrupp**
rüstet sich mit persönlicher Sonderausrüstung wie der Angriffstrupp aus, schließt aber den Lungenautomaten nicht an den Atemanschluss an. Er markiert den Gefahrenbereich und überwacht diesen von außerhalb. Er übernimmt die Funktion des Sicherheitstrupps.

Der **Schlauchtrupp**
rettet und stellt die notwendigen Geräte für die befohlenen Maßnahmen an der Grenze zum Gefahrenbereich bereit.

Er übernimmt außerhalb des Gefahrenbereichs die Absicherung der Einsatzstelle und führt die eventuelle Dekon-Stufe I (Not-Dekontamination) durch.

Der **Melder**
verstärkt auf Befehl des Gruppenführers den Angriffstrupp.

1.5.4.3 Der Zug im ABC-Einsatz

Der Zug kann im ABC-Einsatz selbständig für die Durchführung von begrenzten Aufträgen eingesetzt werden.

Aufgaben

Der **Zugführer:**
wertet die Erkundungsergebnisse aus und legt die Beurteilungswerte fest. Er ist dafür verantwortlich, dass der Gefahrenbereich nur mit Sonderausrüstung betreten und erst nach der Dekontamination verlassen wird.

Der **Führungsassistent**
beschafft Informationen über die Gefahrstoffe und berät beim Geräteeinsatz anhand der Beständigkeitslisten.

Gruppen, Staffeln, Trupps:

Die Aufgaben entsprechen denen unter Ziffer 1.5.4.2.

Für den Zug ist die persönliche Sonderausrüstung für zwölf Einsatzkräfte mitzuführen.

Die für eine Gruppe vorgesehene sonstige Sonderausrüstung ist in doppeltem Umfang vorzuhalten.

Der Zug im ABC-Einsatz soll grundsätzlich durch eine Dekon-Staffel erweitert werden.

1.5.4.4 Die Dekon-Staffel im ABC-Einsatz

Als Dekon-Einheit ist in der Regel eine Staffel ausreichend.

Ist es an größeren Einsatzstellen erforderlich, mehr als eine Person gleichzeitig zu dekontaminieren, sind frühzeitig weitere Kräfte anzufordern.

Die Dekon-Staffel gliedert sich in:

Mannschaft

Der **Staffelführer**
legt in Absprache mit dem Einsatzleiter den Ort des Dekon-Platzes fest, teilt das Dekon-Personal ein und ordnet notwendige Dekon-Maßnahmen an. Er sorgt für die fachgerechte Verpackung und Kennzeichnung kontaminierten Materials oder in Zusammenarbeit mit den zuständigen Behörden und der Einsatzleitung für die fachgerechte Reinigung oder Entsorgung.

Der **Angriffstrupp der Dekon-Staffel**
richtet den Dekon-Platz ein. Anschließend wird er im „Schwarzbereich“ des Dekon-Platzes als Dekon-Trupp eingesetzt.

Der **Wassertrupp der Dekon-Einheit**
sperrt ab und markiert den Dekon-Platz. Anschließend wird er im „Weißbereich“ des Dekon-Platzes eingesetzt.

Der **Maschinist**
hilft den Trupps beim Anlegen der Ausrüstung und bei der Entnahme der Geräte. Er bedient die Aggregate außerhalb des Dekon-Platzes und unterstützt nach Weisung. Er dokumentiert die Dekontamination.

Gerät

Als Mindestschutz für das Personal am Dekon-Platz sind der Feuerwehrschutzanzug, Gummihandschuhe, -stiefel und der Atemanschluss (Vollmaske) mit Filter ausreichend.

In Abhängigkeit von den vorhandenen Stoffen ist die Schutzausrüstung durch Gummischürzen, Einwegschutzanzüge oder CSA zu ergänzen.

Die Festlegung einer höheren Schutzstufe oder die Abweichung vom Mindestschutz bestimmt der Staffelführer. Für jede im Gefahrenbereich unter Isoliergerät eingesetzte Einsatzkraft muss ein für den verwendeten Atemanschluss geeignetes ABEK2-P3-Filter am Dekon-Platz vorhanden sein, um sofort das Filter in den Atemanschluss einsetzen zu können.

Im Anschluss kann eine Dekontamination des Dekon-Personals erforderlich sein.

Weiterhin sind zur Dekontamination/Desinfektion Personenduschen, Zelte, Warmwassererzeuger und HD-Reiniger sowie Reinigungsgeräte und Geräte und Behälter zur Aufnahme kontaminierter Flüssigkeiten und sonstiger Materialien erforderlich.

Ver- und Entsorgung

Die Wasserversorgung ist sicherzustellen.

Gefahrstoffe, kontaminierte Gegenstände und kontaminierte Reinigungsflüssigkeiten sowie verunreinigtes Wasser sind durch Fachfirmen zu entsorgen oder zu dekontaminieren. Zuständig für die Abwicklung ist die Fachbehörde.

Teil II – Spezielle Richtlinien

2 Abschnitt A-Einsatz

2.1 Einteilung in Gefahrengruppen

Der **Gefahrengruppe IA** sind zuzuordnen:

- Bereiche mit offenen oder umschlossenen radioaktiven Stoffen, deren Gesamtaktivität das 10^4-fache der Freigrenze nach StrlSchV nicht übersteigt;
- Bereiche mit umschlossenen radioaktiven Stoffen, deren Gesamtaktivität das 10^7-fache der Freigrenze nicht übersteigt, sofern ihre zulässige thermische und mechanische Beanspruchbarkeit den Anforderungen der Temperaturklasse 6 und der Schlagklasse 6 nach DIN 25426 Teil 1 genügt;
- Bereiche mit radioaktiven Stoffen in für diese zugelassenen Typ B- oder Typ C-Behältern[1], deren Gesamtaktivität das 10^7-fache der Freigrenze nicht übersteigt.

Der **Gefahrengruppe IIA** sind zuzuordnen:
Bereiche mit radioaktiven Stoffen, deren Gesamtaktivität größer als das 10^4-fache und nicht größer als das 10^7-fache der Freigrenze ist, soweit sie nicht der Gefahrengruppe IA zugeordnet werden können.

[1] Siehe ADR/RID/GGVSEB in der aktuellen Fassung

Der **Gefahrengruppe IIIA** sind zuzuordnen:

- Bereiche mit radioaktiven Stoffen, deren Gesamtaktivität das 10^7-fache der Freigrenze übersteigt, soweit sie nicht der Gefahrengruppe lA oder IIA gemäß den Sonderregelungen nach zugeordnet werden können;
- Bereiche in denen der Umgang, die Aufbewahrung und Verarbeitung von Kernbrennstoffen nach §§ 6 und 9 Atomgesetz (AtG) sowie für die Genehmigung von Anlagen nach § 7 AtG vorliegt;
- Bereiche, deren Eigenart im Einsatzfall die Anwesenheit einer fachkundigen Person erforderlich macht.

Sonderregelung der Zuordnung zu einer Gefahrengruppe

In Grenzfällen kann ein Bereich mit radioaktiven Stoffen einer anderen Gefahrengruppe zugeordnet werden, als es seiner Gesamtaktivität entsprechen würde.

Ein Bereich zum Umgang mit offenen radioaktiven Stoffen mit einer Gesamtaktivität über der Freigrenze, aber weniger als dem 10^4-fachen der Freigrenze, sollte der höheren Gefahrengruppe IIA zugeordnet werden, wenn es sich um leicht flüchtige Radionuklide (z. B. Jod) oder um einen Umgang in kleinen oder schlecht gelüfteten Räumen handelt.

Wenn sowohl die Gefahr eines Brandes als auch die eines anderen Schadenereignisses oder die dabei möglicherweise auftretenden Auswirkungen und Gefahren durch Strahlung gering sind, kann ein Bereich einer niedrigeren Gefahrengruppe zugeordnet werden. Dies kann der Fall sein, wenn der Bereich einen eigenen Brandabschnitt bildet, der keine brennbaren Stoffe enthält und von anderen Brandlasten durch Brandwände getrennt ist, oder wenn bei Anlagen im Freien in der weiteren Umgebung des Umgangsbereiches der radioaktiven Stoffe (Abstand je nach Art und Menge, mindestens jedoch 10 m) keine brennbaren Stoffe vorhanden sind und dieser Bereich durch Brandeinwirkung von außen nicht gefährdet werden kann.

2.2 Einsatzplanung

Nach §§ 52 und 53 StrlSchV ist jeder Inhaber einer Genehmigung zum Umgang mit Kernbrennstoffen, radioaktiven Stoffen oder zum Betreiben einer genehmigungspflichtigen Anlage verpflichtet, wenn hinsichtlich der Aktivitäten festgelegte Grenzwerte überschritten werden, zur Vorbereitung der Brandbekämpfung mit den nach Landesrecht zuständigen Behörden die erforderlichen Maßnahmen zu planen. Darüber hinaus hat er jede Information und Beratung zu geben, die für die Aus- und Fortbildung von Einsatzkräften sowie die Unterrichtung im Einsatz hinsichtlich der auftretenden Gesundheitsrisiken und der erforderlichen Schutzmaßnahmen notwendig sind.

Die Feuerwehr hat sich ihrerseits zur Vorbereitung einer Brandbekämpfung über die Bereiche zu informieren, in denen mit radioaktiven Stoffen umgegangen wird.

2.2.1 Besondere Bedingungen für den Einsatz bei der Gefahrengruppe IIIA

Erfolgt die Einteilung in die Gefahrengruppe IIIA aufgrund von Tätigkeiten nach §§ 6, 7 und 9 AtG, so ist als fachkundige Person (Sachverständiger nach § 52 StrlSchV) nur der zuständige Strahlenschutzbeauftragte oder der fachkundige Strahlenschutzverantwortliche zulässig. Abweichungen hiervon sind nur im Rahmen einer zwischen dem Betreiber und der Feuerwehr geschlossenen Handlungsvereinbarung möglich.

Für alle anderen Einsatzstellen der Gefahrengruppe IIIA können auch andere fachkundige Personen, die die während des Einsatzes entstehende Strahlengefährdung und die anzuwendenden Schutzmaßnahmen beurteilen können, zur Beratung herangezogen werden. Dies können insbesondere sein:

- ermächtigte Ärzte nach § 64 der StrlSchV,

- fachkundige Vertreter der zuständigen Behörden,
- sonstige fachkundige Personen für den Strahlenschutz.

2.2.2 Sonderausrüstung

2.2.2.1 Persönliche Sonderausrüstung

Atemschutz

Ab Gefahrengruppe IIA sind im Gefahrenbereich grundsätzlich Isoliergeräte zu tragen. Der Einsatz von Filtergeräten ist nur dann zulässig, wenn die Einsatzgrundsätze der FwDV 7 berücksichtigt werden.

Körperschutz

Kann im Verlauf eines Einsatzes nicht vollständig ausgeschlossen werden, dass es zum direkten Kontakt mit radioaktiven Stoffen kommt, ist eine der Lage angemessene Kontaminationsschutzkleidung zu tragen.

Als geeignet sind insbesondere anzusehen:

Gefahrengruppe IIA	für den Ersteinsatz mindestens Körperschutz Form 1 (Kontaminationsschutzhaube)
Gefahrengruppe IIIA	Körperschutz Form 2 oder 3 (Kontaminations- oder Chemikalienschutzanzug)

Bei leichtflüchtigen Radionukliden, bei denen eine Inkorporation über die Haut möglich ist, muss grundsätzlich Körperschutz Form 3 getragen werden.

Personendosimeter

Das Personendosimeter dient zur Dokumentation der im Einsatzverlauf aufgenommenen Personendosis. Es wird unter der Kontaminationsschutzkleidung im Brustbereich getragen. Es ist darauf zu achten, dass das Dosimeter nicht durch andere Ausrüstungsgegenstände außer von der Kontaminationsschutzkleidung überdeckt wird.

Dosiswarngerät

Das Dosiswarngerät warnt den Träger bei Erreichen des einsatzbezogenen Dosisrichtwertes. Da das Dosiswarngerät auch im Einsatz mit der Hand erreichbar sein muss, da Schaltvorgänge erforderlich sein können, ist es bei Körperschutz Form 1 und 2 im Brustbereich erreichbar zu tragen. Beim Körperschutz Form 3 muss das Dosiswarngerät im Inneren des Anzuges getragen werden.

2.2.2.2 Sonstige Sonderausrüstung

Dosisleistungsmessgerät

Dosisleistungsmessgeräte dienen der Messung der Gamma(γ)-Dosisleistung an einem bestimmten Ort. Mit Hilfe der Messwerte kann der vorgehende Trupp den günstigsten Aufenthaltsort (geringste Dosisleistung) bestimmen und der Einsatzleiter die maximale Aufenthaltsdauer des Trupps an diesem Ort überschlägig berechnen:

Einsatzdauer [h] = Dosisrichtwert [mSv] / Dosisleistung [mSv/h]

Der kleinste Anzeigebereich soll bei höchstens 0,1 µSv/h beginnen. Der größte Messbereich muss sich bis mindestens 9 mSv/h erstrecken.

Höhere Dosisleistungen sowie Alpha(α)- und Beta(β)-Strahlung sind nur unter Verwendung von Außensonden messbar.

Eine Variante stellen Dosisleistungsmessgeräte mit Teleskopsonden dar. Sie können insbesondere zur Ortung von Strahlenquellen eingesetzt werden.

Dosisleistungswarngerät

Dosisleistungswarngeräte dienen der Festlegung der Grenze des Gefahrenbereichs. Bei Erreichen der eingestellten Gamma(γ)-Dosisleistung geben diese Geräte einen Warnton ab, der bei Unterschreiten des Wertes wieder verstummt.

Entsprechend der Festlegungen sind die Geräte, die zum Überprüfen der Grenze des Gefahrenbereichs dienen, auf 25 μSv/h einzustellen. Bei Kombinationsgeräten, die der Angriffstrupp mitführt, ist die Dosisleistungswarnschwelle auszuschalten.

Kontaminationsnachweisgerät

Kontaminationsnachweisgeräte sind Geräte, die bereits auf geringste Kontaminationen mit radioaktiven Stoffen ansprechen. Mit diesen Geräten wird Personal und Material auf Kontamination überprüft, bevor der Gefahrenbereich verlassen werden darf.

Kontaminationsnachweisgeräte können mit verschiedenartigen Großflächendetektoren ausgestattet sein, die unterschiedlich empfindlich auf verschiedene Strahlungsarten und -energien reagieren. Hierauf hat der Einsatzleiter je nach Lage beim Einsatz der Geräte besonders zu achten.

Arbeitsgeräte und Verbrauchsmaterialien

Zur Abwehr bestehender Gefahren sind z. B. folgende Arbeitsgeräte und Verbrauchsmaterialien erforderlich:

- Ferngreifer zur Fernmanipulation von Strahlern,
- Behälter/Abschirmbehälter zum Sichern radioaktiver Stoffe und zum Schutz vor Kontaminationsausbreitung,
- Folienbeutel zum dichten Verpacken kontaminierter Materialien (z. B. 20-l- und 100-l-Beutel),
- Klebeband zum Verschließen von Folienbeuteln und Fixieren von Folien,
- Folienschweißgerät,

- Stift zur Beschriftung des Folienbeutels,
- Kontaminations- oder Produktanhängekarten,
- Folie zum Aufbau des Dekon-Platzes und zum Abdecken kontaminierter Flächen.

2.2.3 Umfang der Sonderausrüstung

Für eine Gruppe ist die persönliche Sonderausrüstung einschließlich Personendosimeter für mindestens sechs Einsatzkräfte vorzuhalten.

Von der sonstigen Sonderausrüstung sind für die Gruppe erforderlich:

- 2 Dosisleistungsmessgeräte (Angriffstrupp, Wassertrupp)
- 1 Dosisleistungswarngerät (Wassertrupp)
- 1 Kontaminationsnachweisgerät (Schlauchtrupp)
- 6 Atemfilter ABEK2-P3 (Angriffstrupp, Sicherheitstrupp)
- 2 Filtergeräte mit ABEK2-P3 (Schlauchtrupp)
- 2 leichte Schutzanzüge (Schlauchtrupp)
- 7 Handsprechfunkgeräte (Gruppenführer, Maschinist (Atemschutzüberwachung), Angriffstrupp, Sicherheitstrupp)
- Absperrmaterial.

Je nach Länder-/Standortregelung ist die Sonderausrüstung durch Arbeitsgeräte und Verbrauchsmaterialien zu ergänzen.

2.3 Einsatz

2.3.1 Erkundung und Beurteilung

Die Lagefeststellung an Einsatzstellen mit A-Gefahrstoffen wird maßgeblich von Art und Menge der radioaktiven Stoffe bestimmt. Insbesondere sind folgende Fragen zu klären:

- Welche Dosisleistung liegt vor?
- Um welches Radionuklid handelt es sich?
- Welche Strahlung wird erzeugt?
- In welcher Form liegt der radioaktive Stoff vor?
- Besteht die Gefahr, dass die Umhüllung umschlossener radioaktiver Stoffe zerstört wurde?
- Sind radioaktive Stoffe frei geworden?
- Welcher Art ist die vorhandene Abschirmung?
- Besteht die Gefahr der Ausbreitung radioaktiver Stoffe durch Brandrauch oder Löschwasser?

Liegen keine ausreichenden Erkenntnisse vor, sind die zur Erkundung vorgehenden Trupps mit Körperschutz Form 2 auszurüsten.

Transporte von radioaktiven Stoffen oder Kernbrennstoffen auf der Straße und Schiene sowie im Luft- und Seeverkehr werden nach besonderen Vorschriften klassifiziert und gekennzeichnet (siehe Anlage 3).

Die „Transportkategorien" I – weiß, II – gelb und III – gelb entsprechen nicht der vorstehenden Einteilung in die Gefahrengruppen IA bis IIIA!

Im Rahmen der Lagebeurteilung hat der Einsatzleiter insbesondere festzulegen, ob es sich um einen

- Einsatz zum Schutz von Sachwerten,
- Einsatz zur Abwehr von Gefahren für Menschen und zur Verhinderung einer wesentlichen Schadenausweitung,
- Einsatz zur Rettung von Menschenleben

handelt.

Entsprechend dieser Einsatzgliederung sind unterschiedliche Dosisrichtwerte zu beachten.

Dosisrichtwerte

Da ein Schutz der Einsatzkräfte vor direkter äußerer Gamma(γ)-Strahlung nicht möglich ist, wurden Dosisrichtwerte festgelegt, die das Einsatzrisiko in ein zum Einsatzerfolg vertretbares Risiko setzen.

Einsatzanlass	Dosisrichtwert
Einsätze zum Schutz von Sachwerten	15 mSv je Einsatz
Einsätze zur Abwehr von Gefahren für Menschen und zur Verhinderung einer wesentlichen Schadenausweitung	100 mSv je Einsatz und Kalenderjahr
Einsätze zur Rettung von Menschenleben	250 mSv je Einsatz und Leben

Zu beachten ist weiter:
Die maximale Körperdosis von 250 mSv darf im Einsatz auf Anweisung des Einsatzleiters nur in Ausnahmefällen überschritten werden, wenn dies nach Beurteilung einer fachkundigen Person unverzichtbar und vertretbar ist. Die betroffenen Einsatzkräfte müssen auf diese Lage hingewiesen werden.

Bei der Aus- und Fortbildung darf die Körperdosis von 1 mSv pro Jahr nicht überschritten werden.

Hinweis:
Nach der Strahlenschutzverordnung sind ab dem 01.08.2011 für die Personendosimetrie die Tiefen-Personendosis H_p (10) und für die Ortsdosis die Umgebungs-Äquivalentdosis H^* (10) verbindlich festgelegt. Da die Aufgaben der Feuerwehr nicht unter die Definition der „beruflichen Strahlenexposition“ fallen, fallen auch Messaufgaben im Einsatz nicht unter die StrSchV bzw. RöV und erfordern deshalb auch nicht zwingend Messgeräte, die die neuen Messgrößen verwenden. Für die in dieser Dienstvorschrift

festgelegten orientierenden Messungen von Richtwerten können Messgeräte sowohl mit alten wie neuen Messgrößen verwendet werden.

2.3.2 Einsatzmaßnahmen

Je nach Zuständigkeitsregelungen sind die wesentlichen Aufgaben der Feuerwehr im A-Einsatz:

- Gefahrenbereiche erkunden und absperren,
- Menschen in Sicherheit bringen,
- die Schadenausbreitung und insbesondere die Ausbreitung radioaktiver Stoffe verhindern.

Letzteres kann das Sichern eines freigewordenen radioaktiven Stoffes in einem dichten Behälter/Abschirmbehälter und das Verbringen an eine sichere Stelle erforderlich machen. Ist dies nicht möglich oder nicht zumutbar, so sollte mindestens versucht werden, die radioaktiven Stoffe behelfsmäßig abzuschirmen und eine Gefahrenausbreitung aus diesen Bereichen zu unterbinden.

Insbesondere ist zu vermeiden, dass radioaktive Stoffe durch Einsatzmaßnahmen unnötig verbreitet werden (z. B. Türen zu Kontrollbereichen schließen, sparsamer Löschmitteleinsatz, kein Entlüften verrauchter Bereiche in die Atmosphäre).

Weitergehende Maßnahmen erfolgen nur auf Anweisung der zuständigen Behörde im Rahmen der Amtshilfe.

2.3.2.1 Gefahrenbereich

Nach Messung ist der Gefahrenbereich so zu legen, dass die Gamma(γ)-Dosisleistung außerhalb des Gefahrenbereiches 25 μSv/h nicht überschreitet. Die Dosisleistung an der Grenze des Gefahrenbereiches ist während der Gesamtdauer des Einsatzes mit Hilfe von Dosisleistungswarngeräten laufend zu überprüfen.

Da die Dosisleistungswarngeräte ausschließlich die Gamma(γ)-Dosisleistung messen, sind Bereiche, bei denen eine Kontamination oder der Verdacht auf eine Kontamination besteht, z. B. durch luftgetragene radioaktive Stoffe, in den Gefahrenbereich mit einzubeziehen.

2.3.2.2 Grundsätze

Die Einsatzmaßnahmen sind so zu planen, dass jede unnötige Strahlenexposition oder Kontamination von Menschen und Umwelt vermieden wird.

Soweit zeitlich möglich, ist der Einsatzablauf für die vorgehenden Einsatzkräfte aufgrund vorhandener Erkundungsergebnisse vorab detailliert zu planen. Die vorgehenden Einsatzkräfte sind in den vorgesehenen Ablauf einzuweisen.

Abstand halten

Die im Einsatz erhaltene Personendosis ist umso geringer, je größer der Abstand zur Strahlenquelle ist.

Für Manipulationen am Strahler oder zur Bergung von radioaktiven Stoffen sind daher Hilfsmittel wie Ferngreifer, Schaufeln usw. zu nutzen. Zur Messung der Dosisleistung in der Umgebung starker Strahlenquellen ist die Verwendung von teleskopierbaren Sonden sinnvoll.

Aufenthaltsdauer begrenzen

Je kürzer die Aufenthaltsdauer im Strahlungsfeld ist, desto geringer ist die aufgenommene Dosis. Dieser Grundsatz gewinnt um so mehr an Bedeutung, je höher die Dosisleistung ist.

Abschirmung nutzen

Durch Nutzung von Deckungsmöglichkeiten aus massivem Material, z. B. Wände, Erdwälle, wird die Dosisleistung und dadurch die Personendosis stark reduziert.

Es ist darauf zu achten, dass Abschirmungen zerstört oder unwirksam sein können. Bei der Sicherung radioaktiver Stoffe ist auf eine ausreichende Abschirmwirkung des Sicherungsbehältnisses zu achten. Dies gilt insbesondere dann, wenn diese Behältnisse aus dem Gefahrenbereich gebracht werden müssen.

Abschalten

Röntgengeräte und Anlagen zur Erzeugung ionisierender Strahlen sind abzuschalten. Dabei ist zu beachten, dass, sofern beim Betrieb der Anlage Neutronen oder hochenergetische Gammastrahlung (größer 20 MeV) entstehen, auch nach dem Abschalten noch höhere Dosisleistungen vorliegen können.

2.3.2.3 Strahlenschutzüberwachung

Unmittelbar nach der Ausrüstung der Trupps außerhalb des Gefahrenbereiches beginnt die Strahlenschutzüberwachung. Diese dient dem Schutz der Einsatzkräfte, die im Gefahrenbereich arbeiten. Hierzu wird die folgende Strahlenexposition dokumentiert und bewertet.

Es ist außerdem sinnvoll, bereits zu diesem Zeitpunkt die Nullrate außerhalb des Gefahrenbereiches mit dem Kontaminationsnachweisgerät zu messen. Zur Kontrolle sollte dieser Wert mit der dort üblichen Nullrate verglichen werden.

Dosisleistung

Mit dem Vorgehen des 1. Trupps wird ständig die Dosisleistung gemessen. Insbesondere während des Aufenthaltes im Gefahrenbereich hat jeder einzelne Trupp die Dosisleistung an seinem jeweiligen Aufenthaltsort zu messen und bei größeren Veränderungen an den Einsatzleiter zu melden. Die Dosisleistung ermöglicht

- eine Abschätzung der zu erwartenden Dosis,
- die Festlegung von Zeitbeschränkungen bei der Strahlenexposition,
- die Festlegung von Mindestabständen zu Strahlenquellen.

Als Angriffswege und Aufenthaltsorte sind nach Möglichkeit Bereiche mit geringen Dosisleistungen zu wählen.

Personendosis

Die Personendosis ist nach dem Einsatz unverzüglich durch Auswerten der Personendosimeter von der zuständigen Stelle festzustellen. Über die gemessenen Werte ist ein Nachweis zu führen (Anlage 4).

Als Personendosimeter sind die für die Messung der Tiefen-Personendosis H_P (10) zugelassenen Dosimeter, vorzugsweise Gleitschatten-Filmdosimeter, zu verwenden. Diese sind von der nach Landesrecht zuständigen Stelle zu beziehen und werden dort auch ausgewertet.

Das Erreichen bestimmter Dosiswerte wird im Einsatz durch das Dosiswarngerät angezeigt. Dieses ist gemäß des Einsatzanlasses auf den befohlenen Dosisrichtwert einzustellen.

Umgebungsüberwachung

Bei Anwesenheit offener radioaktiver Stoffe oder Beschädigung von Umhüllungen umschlossener radioaktiver Stoffe besteht die Gefahr einer Kontaminationsausbreitung mit nachfolgender Inkorporationsgefahr besonders für luftgetragene radioaktive Stoffe oder in Verbindung mit Brandrauch und

Löschwasser. Die Umgebungsüberwachung ist auf Veranlassung von den zuständigen Stellen durchzuführen.

Dekontamination

Eine Dekontamination von Personen wird zunächst durch Entfernen kontaminierter Kleidung erreicht. Der Dekontaminationserfolg ist durch Messung nachzuweisen. Eine Dekontamination von Hautoberflächen und Geräten ist durch zuständige Stellen durchzuführen. Eine Not-Dekontamination von Hautoberflächen kann auch durch die Feuerwehr erfolgen. Grundsätzlich gilt eine Fläche als kontaminiert, wenn die Zählrate des Kontaminationsnachweisgerätes dreimal höher als die vorher gemessene Nullrate ist.

2.3.2.4 Besondere Einsatzsituationen

Menschenleben in Gefahr

Zur Rettung von Menschenleben, die keinerlei Zeitverzug erlaubt, kann zunächst ohne vollständige Sonderausrüstung vorgegangen werden. Bei Einsätzen zur Menschenrettung in den Gefahrengruppen IIA und IIIA sind die Einsatzkräfte jedoch mindestens mit Isoliergeräten, Körperschutz Form 1, Personendosimeter und Dosiswarngerät auszurüsten.

Bei Transportunfällen kann zur Menschenrettung auch ohne Körperschutz Form 1, Personendosimeter und Dosiswarngerät vorgegangen werden. Mindestens sind jedoch Isoliergeräte zu tragen.

Bereiche der Gefahrengruppe IIIA, in denen mit Kernbrennstoffen (§§ 6,7 und 9 AtG) umgegangen wird, dürfen ohne Anwesenheit des zuständigen Strahlenschutzbeauftragten oder des fachkundigen Strahlenschutz-verantwortlichen oder einer im Rahmen eines zwischen dem Betreiber und der Feuerwehr

geschlossenen Handlungsvereinbarung genannten fachkundigen Personen auf keinen Fall – auch nicht zur Rettung von Menschenleben – betreten werden.

Lokalisierung von Strahlenquellen

Die Suche nach Strahlenquellen verbunden mit der Prüfung, ob von dem radioaktiven Material eine Kontaminations- und Inkorporationsgefahr ausgeht, kann z. B. bei Verlust eines Strahlers infolge eines Transportunfalls nötig werden. Ebenso kann es erforderlich werden, an einem verdächtigen Gegenstand zu prüfen, ob dieser radioaktives Material beinhaltet und welche Strahlungsarten von dem Material ausgehen.

Die Strahlersuche (Gamma-Quellen) selbst erfolgt durch koordiniertes Absuchen mittels Dosisleistungsmesser, wobei die Verwendung einer Teleskopsonde sinnvoll und die eingeschaltete akustische Anzeige hilfreich ist. Muss damit gerechnet werden, dass der Strahler sehr schwach (Aktivität kleiner 1 MBq) ist oder keine Gamma(γ)-Strahlung vorliegt, ist die Suche ergänzend mit einem Kontaminationsnachweisgerät mit eingeschalteter akustischer Anzeige durchzuführen. Dazu muss das geeignete Zählrohr verwendet werden. Es ist hierbei unbedingt zu vermeiden, dass die Oberfläche des Kontaminationsnachweisgerätes durch Kontakt mit der zu messenden Fläche kontaminiert wird.

Sicherung unklarer Strahlenquellen

Radioaktives Material oder Strahlenquellen sind während des Einsatzes oder nach dessen Abschluss soweit wie möglich zu sichern. Dazu werden durchdringende Strahlen (Gamma- und Neutronenstrahlung) abgeschirmt und die Verbreitung offener oder frei gewordener Radionuklide vermieden.

Die Verbreitung des Materials kann durch Einbringen in Folienbeutel, Kunststoffgebinde oder dergleichen verhindert werden. Diese Umhüllung ist möglichst dicht zu verschließen. Kontaminierte Flächen können mit Folien oder Planen abgedeckt oder mit handelsüblichem Sprühlack fixiert werden, um eine Kontaminationsverschleppung einzudämmen.

Versorgung von Verletzten

Die rettungsdienstliche Versorgung hat absoluten Vorrang vor den Strahlenschutzmaßnahmen. Es sollen im Gefahrenbereich nur die unbedingt notwendigen, lebensrettenden Sofortmaßnahmen durchgeführt und Betroffene dann aus diesem Bereich gerettet werden, bevor weitere medizinische Maßnahmen der Ersten Hilfe erfolgen. Bei der Rettung sollen durch überlegte und zielstrebige Maßnahmen die Ausbreitung von Kontamination und die Inkorporation vermieden werden.

Die Feuerwehr übergibt Betroffene an der Grenze des Gefahrenbereichs an den Rettungsdienst. Das Rettungsdienstpersonal wird auf einen Kontaminationsverdacht hingewiesen.

Bei Beförderung kontaminierter Personen ist Schutzkleidung zur Vermeidung einer Eigenkontamination oder Inkorporation in dem Maß ausreichend, wie sie auch zur Vermeidung von Infektionen, die über die Luft übertragen werden können (z. B. Tuberkulose), üblich ist.

Einsatzkräfte mit offenen Wunden sind zur Vermeidung einer Inkorporation sofort abzulösen.

Nicht verletzte Betroffene sind bei Verdacht auf Inkorporation oder starker Strahlenexposition einem nach § 64 StrlSchV ermächtigten Arzt vorzustellen oder an das regionale Strahlenschutzzentrum zu vermitteln.

2.3.3 Ärztliche Überwachung und Nachsorge

Alle Personen, die an Einsätzen in Bereichen der Gefahrengruppen IIA und IIIA teilgenommen haben, sind namentlich zu erfassen. Einsatzkräfte, die während eines Einsatzes eine Dosis von mehr als 15 mSv erhalten haben, sind ärztlich zu überwachen. Dieses kann im Rahmen einer regelmäßigen Untersuchung geschehen.

Bei Verdacht einer Inkorporation oder Erhalt einer Dosis von mehr als 50 mSv hat der Einsatzleiter unverzüglich nach Beendigung des Einsatzes dafür zu sorgen, dass die betroffenen Einsatzkräfte einem ermächtigten Arzt vorgestellt werden.

Vorhandene Unterlagen über den Einsatz sind dem ermächtigten Arzt zur Verfügung zu stellen. Die Unterlagen sind anschließend gemeinsam mit den Einsatzunterlagen aufzubewahren.

3 Abschnitt B-Einsatz

3.1 Einteilung in Gefahrengruppen

Bei der Beurteilung der Gefahren durch B-Gefahrstoffe stehen Infektionsrisiken für Menschen im Vordergrund. Es besteht daneben die Möglichkeit des Vorhandenseins von pflanzen- oder tierpathogenen Organismen. Sofern es sich nicht um gentechnische Arbeiten handelt oder die Organismen nicht gleichzeitig eine Gefährdung für Menschen darstellen, ist eine Gefahrenbeurteilung sowie die Einteilung in Gefahrenguppen nur in Abstimmung mit den nach Landesrecht zuständigen Stellen möglich. In der Regel sind dies für pflanzenpathogene Organismen die Pflanzenschutzämter und für tierpathogene Organismen die Veterinärämter.

Entsprechend dem von den biologischen Gefahrstoffen ausgehenden Infektionsrisiko für Menschen gilt für Tätigkeiten mit biologischen (Arbeits-)Stoffen bzw. in deren Gefahrenbereich gemäß Biostoffverordnung (BioStoffV) die folgende Einteilung in Risikogruppen:

Risikogruppe 1

Biologische Arbeitsstoffe der Risikogruppe 1 sind solche, bei denen es unwahrscheinlich ist, dass sie beim Menschen eine Krankheit verursachen.

Risikogruppe 2

Biologische Arbeitsstoffe der Risikogruppe 2 sind solche, die eine Krankheit beim Menschen hervorrufen und eine Gefahr für Beschäftigte darstellen können; eine Verbreitung des Stoffes in der Bevölkerung ist unwahrscheinlich, eine wirksame Vorbeugung oder Behandlung ist normalerweise möglich.

Risikogruppe 3**

Biologische Arbeitsstoffe der Risikogruppe 3** sind bestimmte biologische Arbeitsstoffe, die in Anhang III der Richtlinie 90/679/EWG in Risikogruppe 3 eingestuft, aber mit 2 Sternchen (**) versehen sind. Bei diesen biologischen Arbeitsstoffen ist das Infektionsrisiko begrenzt (geringer als bei Risikogruppe 3 ohne Doppelstern!), da eine Infizierung über den Luftweg normalerweise nicht erfolgen kann. Legaleinstufungen sind den Richtlinien der Europäischen Union zu entnehmen.

Risikogruppe 3

Biologische Arbeitsstoffe der Risikogruppe 3 sind solche, die eine schwere Krankheit beim Menschen hervorrufen und eine ernste Gefahr für Beschäftigte darstellen können; die Gefahr einer Verbreitung in der Bevölkerung kann bestehen, doch ist normalerweise eine wirksame Vorbeugung oder Behandlung möglich.

Risikogruppe 4

Biologische Arbeitsstoffe der Risikogruppe 4 sind solche, die eine schwere Krankheit beim Menschen hervorrufen und eine ernste Gefahr für Beschäftigte darstellen; die Gefahr einer Verbreitung unter der Bevölkerung ist unter Umständen groß; normalerweise ist eine wirksame Vorbeugung oder Behandlung nicht möglich.

Die Unterteilungen in Sicherheits-/ Schutzstufen 1 bis 4 nach anderen Rechtsvorschriften entsprechen in ihrer Risikobewertung den Risikogruppen.

Nach dem möglichen Ausmaß der Gefährdung werden Bereiche, in denen B-Gefahrstoffe vorhanden sind, in Gefahrengruppen unterteilt:

Der **Gefahrengruppe IB** sind zugeordnet:
Bereiche, die in Sicherheits-/ Schutzstufe oder Risikogruppe 1 eingestuft sind.

Der **Gefahrengruppe IIB** sind zugeordnet:
Bereiche, die in Sicherheits-/ Schutzstufe oder Risikogruppe 2 eingestuft sind und Bereiche, in denen mit Organismen der Risikogruppe 3** umgegangen wird.

Der **Gefahrengruppe IIIB** sind zugeordnet:
Bereiche, die in Sicherheits-/ Schutzstufe oder Risikogruppe 3 und 4 eingestuft sind.

3.2 Einsatzplanung

3.2.1 Besondere Bedingungen für den Einsatz in der Gefahrengruppe IIIB

Erfolgt die Einteilung in die Gefahrengruppe IIIB aufgrund der Zuordnung zu der Sicherheits- oder Schutzstufe oder Risikogruppe 4 ist der Einsatz nur bei Anwesenheit des zuständigen Erlaubnisinhabers nach Infektionsschutzgesetz durchzuführen. Abweichungen hiervon sind nur im Rahmen einer zwischen dem Betreiber und der Feuerwehr geschlossenen Handlungsvereinbarung möglich.

Für die anderen Bereiche der Gefahrengruppe IIIB sind als fachkundige Personen auch zulässig:

- Betriebsleiter/Laborleiter oder deren Vertreter,
- Projektleiter nach Gentechnikgesetz (GenTG) oder Vertreter,
- Beauftragter für die Biologische Sicherheit.

3.2.2 Sonderausrüstung

3.2.2.1 Persönliche Sonderausrüstung

Atemschutz

In der Gefahrengruppe IIB dürfen Atemfilter ABEK2-P3 getragen werden. Auch während der Phase der Nachlöscharbeiten ist bei einem Brand in einem Labor besonders auf geeigneten Atemschutz zu achten.

In der Gefahrengruppe IIIB sind Isoliergeräte zu tragen.

Körperschutz

Kann im Verlauf eines Einsatzes nicht vollständig ausgeschlossen werden, dass es zum direkten Kontakt mit B-Gefahrstoffen kommt, ist eine der Lage angemessene Schutzkleidung zu tragen.

Als geeignet sind insbesondere anzusehen:

Gefahrengruppe IIB	mindestens Körperschutz Form 1
Gefahrengruppe IIIB	Körperschutz Form 2 oder 3

3.2.2.2 Sonstige Sonderausrüstung

Desinfektionsmittel

Es sind für Personen und Geräte geeignete Desinfektionsmittel vorzuhalten. Jede Einrichtung, die ein Labor ab der Sicherheits-/Schutzstufe 2 betreibt, sollte an geeigneter zentraler Stelle eine im Einvernehmen mit der Feuerwehr festgelegte Menge des für den Feuerwehr-Einsatz geeigneten Desinfektionsmittels vorhalten. Eine ausreichende Anzahl in der Anwendung dieses Desinfektionsmittels ausgebildeter Desinfektoren ist zu benennen.

Arbeitsgeräte und Verbrauchsmaterialien

Zur Abwehr bestehender Gefahren sind z. B. folgende Arbeitsgeräte und Verbrauchsmaterialien erforderlich:

- Folienbeutel zum dichten Verpacken kontaminierter Materialien (z. B. 20-l- und 100-l-Beutel),
- Klebeband zum Verschließen von Folienbeuteln und Fixieren von Folien,
- Folienschweißgerät,
- Stift zur Beschriftung des Folienbeutels,
- Kontaminations- oder Produktanhängekarten,
- Folie zum Aufbau des Dekon-Platzes und zum Abdecken kontaminierter Flächen.

3.2.3 Umfang der Sonderausrüstung

Für eine Gruppe ist die persönliche Sonderausrüstung für mindestens sechs Einsatzkräfte vorzuhalten.

Von der sonstigen Sonderausrüstung sind für die Gruppe erforderlich:

- 6 Atemfilter ABEK2-P3 (Angriffstrupp, Wassertrupp)
- 2 Filtergeräte mit Atemfilter ABEK2-P3 (Schlauchtrupp)
- 2 leichte Schutzanzüge (Schlauchtrupp)
- 7 Handsprechfunkgeräte (Gruppenführer, Maschinist (Atemschutzüberwachung), Angriffstrupp, Wassertrupp)
- Absperrmaterial

Je nach Länder-/Standortregelung ist die Sonderausrüstung durch Arbeitsgeräte und Verbrauchsmaterialien zu ergänzen.

3.3 Einsatz

3.3.1 Erkundung und Beurteilung

Die Lagefeststellung an Einsatzstellen mit B-Gefahrstoffen wird maßgeblich von Art und Menge der biologischen Gefahrstoffe bestimmt. Insbesondere sind folgende Fragen zu klären:

- Um welche Materialien/Mikroorganismen handelt es sich?
- Welcher Risikogruppe werden sie zugeordnet?
- Sind ansteckungsgefährliche Stoffe frei geworden?
- Wie sind die Eigenschaften (Übertragungswege, Infektionswege, Überlebensbedingungen, Gefährlichkeit für Menschen, Tiere und Umwelt)?
- In welcher Art und Menge liegen sie vor?
- Wo sind die Standorte von Kühl-, Gefrier- und Brutschränken sowie Sicherheitswerkbänken?
- Welcher Art und aus welchem Material sind die Aufbewahrungsbehälter
- Welche Art der Desinfektion ist geeignet und wo ist vor Ort das Desinfektionsmittel gelagert?
- Besteht die Gefahr der Ausbreitung z. B. durch Löschwasser oder über die Atmosphäre?
- Gibt es Rückhalteeinrichtungen?
- Wie funktionieren die Schleusen und das Lüftungssystem?

Anlagen, Räume und Transportbehälter, in denen sich B-Gefahrstoffe befinden oder die mit solchen Stoffen kontaminiert sind, sind entsprechend den gesetzlichen Vorschriften (Anlage 5) gekennzeichnet. In medizinischen Bereichen gibt es jedoch Ausnahmen von der Anzeige-, Genehmigungs- und Kennzeichnungspflicht. Auf die Erkundung vor Ort ist hier besonderer Wert zu legen.

Liegen keine ausreichenden Erkenntnisse vor, sind die Trupps zur Erkundung mit Körperschutz Form 3 auszurüsten.

Häufig besteht an Einsatzstellen mit biologischen Arbeitsstoffen zusätzlich noch eine Gefährdung der Einsatzkräfte durch chemische Stoffe. Falls auch radioaktive Stoffe vorliegen, sind diese Bereiche entsprechend gekennzeichnet.

3.3.2 Einsatzmaßnahmen

Die wesentlichen Aufgaben der Feuerwehr im B-Einsatz sind:

- Gefahrenbereiche erkunden und absperren,
- Menschen in Sicherheit bringen,
- die Schadenausbreitung und insbesondere die Ausbreitung von B-Gefahrstoffen verhindern.

Letzteres erfordert unter Umständen das Sichern der B-Gefahrstoffe in einem dichten Behälter und das Verbringen an eine nicht gefährdete Stelle oder die Inaktivierung z. B. durch ein geeignetes und hierfür zugelassenes Desinfektionsmittel. Ist dies nicht möglich oder nicht zumutbar, so sollte mindestens versucht werden, die Umgebung der betroffenen Bereiche abzusperren, in geeigneter Weise zu desinfizieren und eine Gefahrenausbreitung aus diesen Bereichen zu unterbinden.

Es ist zu vermeiden, dass B-Gefahrstoffe durch Einsatzmaßnahmen unnötig verbreitet werden (z. B. Türen zu Arbeitsbereichen schließen, sparsamer Löschmitteleinsatz).

Weitergehende Maßnahmen erfolgen nur auf Anweisung der zuständigen Behörde im Rahmen der Amtshilfe.

3.3.2.1 Gefahrenbereich

Nach der Erkundung sind die erkennbaren (gekennzeichneten) Bereiche, in denen biologische Arbeitsstoffe vorhanden sind oder vermutet werden, gleichzeitig Grundlage für die Festlegung des Gefahrenbereichs. Treten außerhalb dieser Bereiche Flüssigkeiten (Löschwasser) oder andere Emissionen auf, so ist entsprechend der Ausbreitung der Gefahrenbereich zu vergrößern.

3.3.2.2 Grundsätze

Die Einsatzmaßnahmen sind so zu planen, dass jede unnötige Verbreitung biologischer Gefahrstoffe oder jede Kontamination von Menschen und Umwelt vermieden wird.

Schleusen dürfen nur nach Rücksprache mit fachkundigen Personen deaktiviert werden.

In Anlagen mit B-Gefahrstoffen dürfen Türen und Fenster nur geöffnet werden, wenn dies für den Einsatz unbedingt erforderlich ist. Um eine Brand- und Rauchausbreitung sowie Kontamination so gering wie möglich zu halten, sind Türen und Fenster nach Betreten oder Kontrolle eines Raumes sofort wieder zu schließen.

Geschlossene Behälter, Verpackungen, Schränke mit unbekanntem Inhalt oder B-Gefahrstoffen dürfen nicht geöffnet werden.

Einsatzstellen, die über Schleusen zugänglich sind, dürfen nur über diese betreten und wieder verlassen werden.

3.3.2.3 Feststellung von Kontamination und Inkorporation

Eine Überprüfung auf Kontamination oder Inkorporation an der Einsatzstelle ist messtechnisch zur Zeit nicht möglich. Alle Personen, Geräte und sonstigen Gegenstände, die in Bereichen der Gefahrengruppen IIB oder IIIB eingesetzt werden, gelten als kontaminiert bis entweder entsprechend desinfiziert und gereinigt wurde oder eine fachkundige Person eine Kontamination mit B-Gefahrstoffen mit Sicherheit ausschließen kann.

3.3.2.4 Dekontamination

Bei Einsätzen mit B-Gefahrstoffen ist ab der Gefahrengruppe IIB in der Regel eine Desinfektion durchzuführen. Dabei ist zu unterscheiden zwischen der Desinfektion von Materialien und der Desinfektion der Haut bzw. Wunden. Es dürfen nur geeignete Desinfektionsmittel verwendet werden.

Die besonderen Hygienemaßnahmen sind vom Einsatzpersonal zu beachten. Nach der Grobdekontamination der Schutzkleidung haben die Einsatzkräfte bei Einsätzen in der Gefahrengruppe IIB Schutzkleidung und Gerät, bei Einsätzen in der Gefahrengruppe IIIB die gesamte Kleidung bei Verlassen des Gefahrenbereichs am Dekon-Platz abzulegen. Hände, Gesicht, Haare und benetzte Hautstellen sind zu desinfizieren und zu reinigen. Gegebenenfalls ist zu duschen. Die Anweisungen fachkundiger Personen sind zu beachten.

3.3.2.5 Besondere Einsatzsituationen

Menschenleben in Gefahr

Zur Rettung von Menschenleben, die keinerlei Zeitverzug erlaubt, können nach Entscheidung des Einsatzleiters erste Maßnahmen zunächst unter Verzicht einzelner vorgegebener Schutzmaßnahmen durchgeführt werden. Insbesondere sind Abweichungen von der persönlichen Schutzausrüstung möglich.

In der Gefahrengruppe IIIB sind die Einsatzkräfte mindestens mit Isoliergeräten und Körperschutz Form 1 auszurüsten.

Bereiche der Gefahrengruppe IIIB, in denen mit biologischen Stoffen der Sicherheits- oder Schutzstufe oder Risikogruppe 4 umgegangen wird, dürfen ohne Anwesenheit des zuständigen Erlaubnisinhabers nach Infektionsschutzgesetz oder einer im Rahmen einer zwischen Betreiber und Feuerwehr geschlossenen

Handlungsvereinbarung genannten fachkundigen Person auf keinen Fall – auch nicht zur Rettung von Menschenleben – betreten werden.

Brandbekämpfung und Hilfeleistung

Schleusen dürfen nicht durch verlegte Schläuche außer Funktion gesetzt werden! Tragbare Löscher (Kübelspritze, Rückentragespritzen, Feuerlöscher, kleinere fahrbare Löschgeräte (z. B. PG 50)) sind je nach Lage bevorzugt zu verwenden.

Das Öffnen von Fenstern (Querbelüftung) darf nur nach Rücksprache mit einer fachkundigen Person erfolgen.

Entstehungsbrände sind, soweit möglich, mit Kohlendioxid zu löschen. Wasser sollte nur äußerst sparsam und vorsichtig verwendet werden. In Bereichen der Gefahrengruppe IIIB ist besonders auf Löschwasser-Rückhaltung zu achten.

Umgang mit kontaminationsverdächtigen Personen und Gegenständen

Personen, bei denen ein Verdacht auf Kontamination nicht ausgeschlossen werden kann, haben die Kleidung am Dekon-Platz abzulegen. Hände, Gesicht, Haare und benetzte Körperstellen sind zu desinfizieren und zu reinigen.

Kontaminierte Kleidung, Ausstattung und sonstige Gegenstände, die aus dem Gefahrenbereich herausgebracht werden müssen, sind im Schwarzbereich des Dekon-Platzes zu sammeln, in Foliensäcke dicht zu verpacken und zu beschriften. Die Desinfektion oder Entsorgung ist später von fachkundigem Personal durchzuführen.

Versorgung von Verletzten

Die Versorgung und der Transport von kontaminationsverdächtigen Verletzten erfolgt nach den geltenden Rechtsvorschriften.

Verletzungen von Einsatzkräften (auch Bagatellverletzungen) sind dem Einsatzleiter unverzüglich zu melden. Beim Umgang mit Personen, die mit Erregern der Risikogruppe 4 infiziert sind oder bei denen der Verdacht besteht, mit diesen Erregern infiziert zu sein, sind Sicherheitsmaßnahmen der Gefahrengruppe IIIB zu ergreifen. Sie sind vor Ort zu isolieren und dort wenn notwendig rettungsdienstlich zu versorgen. Weitere Maßnahmen sind nur mit dem zuständigen Gesundheitsamt oder einem überregionalen Kompetenzzentrum durchzuführen, da Kontaminationsverschleppung hier besonders zu verhindern ist.

Umgang mit Tieren

Tiere sind aus Tierhaltungsräumen nur nach Rücksprache mit einer fachkundigen Person zu retten.

3.3.3 Ärztliche Überwachung und Nachsorge

Alle Personen, die an Einsätzen in Bereichen der Gefahrengruppen IIB und IIIB teilgenommen haben, sind namentlich zu erfassen.

Personen, die an Einsätzen in Bereichen der Gefahrengruppe IIIB teilgenommen haben, oder Personen, bei denen in Bereichen der Gefahrengruppe IIB besondere Vorkommnisse zu verzeichnen waren, sind – soweit möglich – mit Angabe zu den B-Gefahrstoffen unverzüglich einem geeigneten Arzt vorzustellen.

Treten in der Folgezeit eines Einsatzes bei Einsatzkräften Erkrankungen auf, die mit den B-Gefahrstoffen in Zusammenhang stehen könnten, sind alle beteiligten Personen erneut einem geeigneten Arzt vorzuführen. Die Unterlagen über den Einsatz sind ihm zur Verfügung zu stellen.

4 Abschnitt C-Einsatz

C-Gefahrstoffe können sehr unterschiedliche gefährliche Eigenschaften besitzen, die häufig auch bei einem einzigen Stoff in Kombination anzutreffen sind. Von den Stoffen können neben den Gefahren durch Inkorporation, Kontamination und gefährliche Einwirkung von außen außerdem Gefahren durch Entzündung, Brandausbreitung und Explosion sowie für die Umwelt ausgehen.

Es ist deshalb bei chemischen Gefahrstoffen von ganz besonderer Bedeutung, den Stoff zu identifizieren und damit die spezifischen Gefahren abzuschätzen. Nur so können die notwendigen, zum Teil sehr speziellen Abwehrmaßnahmen getroffen werden. Damit gewinnen Informationssysteme und fachkundige Stellen bei C-Gefahrstoffen eine besondere Bedeutung.

4.1 Einteilung in Gefahrengruppen

Die umfangreiche Anwendung von C-Gefahrstoffen gestaltet eine Zuordnung potentieller Einsatzbereiche zu Gefahrengruppen sehr schwierig. Die Gefährdung der Einsatzkräfte hängt von einer Vielzahl von Faktoren ab, die erst aufgrund des aktuellen Ereignisses zu erkunden und abschließend zu beurteilen sind.

Als Einflussgrößen können genannt werden:

- Art, Aggregatzustand und Menge der aktuell vorhandenen Chemikalien;
- Menge der freigesetzten chemischen Stoffe oder Leckrate;
- Temperatur und Verdünnungsgrad der Stoffe;
- Brand des Stoffes oder Umgebungsbrand;

- Explosionsgefahr oder Gefahr einer heftigen chemischen Reaktion;
- Ausbreitung einer Kontamination (z. B. durch Löschwasser).

Die Einteilung in Gefahrengruppen im Rahmen der vorbereitenden Einsatzplanung ist daher in erster Linie nach den allgemeinen Grundsätzen des Teils I zu entscheiden:

Risiken, denen voraussichtlich mit Standardmitteln der Feuerwehr (Löschzug) zu begegnen ist, sind in die **Gefahrengruppe IC** einzuordnen.

Risiken, welche voraussichtlich eine zusätzliche Sonderausrüstung erfordern, sind in die **Gefahrengruppe IIC** einzuordnen.

Risiken, welche voraussichtlich nur mit Sonderausrüstung **und** einer externen Fachberatung beherrschbar sind, sind in die **Gefahrengruppe IIIC** einzuordnen.

Bei dieser Einordnung sind auch der Ausbildungsstand und die technische Ausstattung einer Feuerwehr zu berücksichtigen.

Erst in zweiter Linie ist das vorhandene Inventar an chemischen Stoffen zu berücksichtigen. Als Hilfsgrößen zur Beurteilung des Risikos können zusätzlich die Kriterien der Zuordnung der Stoffe zu Verpackungsgruppen I,II,III (Gefährlichkeit jedoch in gegenläufiger Reihenfolge zur Gefahrengruppeneinteilung!) nach ADR/RID/GGVSEB herangezogen werden, oder es kann auch auf die Beförderungskategorien 0 bis 4 der ADR/RID/GGVSEB zurückgegriffen werden.

Verpackungsgruppe:

Eine Gruppe, der gewisse Stoffe aufgrund ihres Gefahrengrades während der Beförderung für Verpackungszwecke zugeordnet sind.

Die Verpackungsgruppen haben folgende Bedeutung:

Verpackungsgruppe I:	Stoffe mit hoher Gefahr
Verpackungsgruppe II:	Stoffe mit mittlerer Gefahr

Verpackungsgruppe III: Stoffe mit geringer Gefahr

Beförderungskategorie

Im ADR/RID/GGVSEB werden gefährliche Güter den Beförderungskategorie 0, 1, 2, 3 oder 4 zugeordnet. Die Gefährlichkeit nimmt von Beförderungskategorie 0 nach Beförderungskategorie 4 ab.

Der **Gefahrengruppe IC** sind zuzuordnen:
Bereiche, in denen

- mit Haushaltschemikalien in Mengen bis einschließlich 1 000 kg umgegangen wird, oder die dort lagern und wo besondere chemische Gefahren nicht zu erwarten sind;
- mit gefährlichen Gütern, die in die Beförderungskategorie 3 und 4 eingestuft oder der Verpackungsgruppe III nach ADR/RID/GGVSEB zugeordnet sind, umgegangen wird oder die dort lagern.

Der **Gefahrengruppe IIC** sind zuzuordnen:
Bereiche, in denen

- C-Gefahrstoffe in Mengen über 1 000 kg gelagert werden;
- mit gefährlichen Gütern, die in die Beförderungskategorie 2 eingestuft oder der Verpackungsgruppe II nach ADR/RID/GGVSEB zugeordnet sind, umgegangen wird oder die dort lagern;
- Industriechemikalien in laborüblichen Mengen vorhanden sind;

und Anlagen wie

- Läger mit größeren Mengen handelsüblicher Produkte, von denen bekannt ist, dass sie im Brandfall C-Gefahrstoffe freisetzen können;
- Speditionsläger mit Mischlagerung verschiedener gefährlicher Stoffe;
- Schwimmbäder mit Chloranlage;
- Kühlanlagen mit Ammoniak als Kühlmittel.

Der **Gefahrengruppe IIIC** sind zuzuordnen:
Bereiche, in denen

- sehr große Mengen gefährlicher Chemikalien gelagert werden (z. B. Chemikalien- und Pflanzenschutzmittelläger);
- in denen Sprengstoffe erzeugt, gelagert, weiterverarbeitet oder eingesetzt werden;
- mit gefährlichen Gütern, die in die Beförderungskategorie 0 und 1 nach ADR/RID/GGVSEB eingestuft oder der Verpackungsgruppe I nach ADR/RID/GGVSEB zugeordnet sind, umgegangen wird oder die dort lagern;

sowie

- Betriebsbereiche nach der Zwölften Verordnung zur Durchführung des Bundes-Immissionsschutzgesetzes (Störfall-Verordnung – 12. BImSchV);
- militärische Anlagen und Bereiche, in denen Munition und/oder Kampfstoffe vorhanden sind;
- sonstige Bereiche, deren Eigenart im Einsatzfall die Anwesenheit einer fachkundigen Person erforderlich macht.

Für die Zuordnung einer Anlage oder eines entsprechenden Bereiches zu einer Gefahrengruppe ist immer die Gesamtbeurteilung im Hinblick auf eine potentielle Einsatzstelle notwendig.

Dabei sind zu berücksichtigen:

1. die Merkmale der Gefahrengruppen IC bis IIIC in Bezug auf die eingesetzten Stoffe;
2. die baulichen Gegebenheiten;
3. die Betriebsart (Lagerung, Umschlag und Lagerung, Weiterverarbeitung etc.).

Es ist daher möglich, dass aufgrund der Gesamtbeurteilung Anlagen oder entsprechende Bereiche einer anderen, in der Regel höheren Gefahrengruppe zugeordnet werden, als dieses nach dem Inventar an C-Gefahrstoffen, wie bei den Gefahrengruppen IC bis IIIC aufgeführt, notwendig gewesen wäre. Eine Einordnung in eine höhere Gefahrengruppe ist auch dann in Erwägung zu ziehen, wenn eine große Anzahl an verschiedenen gefährlichen Stoffen vorhanden ist oder weitere Gefahren bestehen.

Die Einteilung von Bereichen der möglichen Einsatzstellen und der daraus resultierenden Zuordnung von entsprechenden Einsatzkräften ist immer unter dem Aspekt der für den Ersteinsatz notwendigen Mittel zu sehen.

Transporte

Die Transportmengen bei C-Gefahrstoffen sind häufig sehr groß. Gefahren, die sich aus den großen Mengen an C-Gefahrstoffen bei Transporten ergeben können, erhöhen die Gefährdung durch die chemisch/physikalischen Eigenschaften der Stoffe erheblich. Es kann deshalb bei Ereignissen mit großen Transportmengen notwendig sein, über die Mindestforderung hinaus wie bei der Gefahrengruppe IIIC vorzugehen.

4.2 Einsatzplanung

4.2.1 Besondere Bedingungen für den Einsatz bei der Gefahrengruppe IIIC

Erfolgt die Einteilung in die Gefahrengruppe IIIC aufgrund der Störfall-Verordnung (12. BImSchV), ist als fachkundige Person nur der nach der Verordnung über Immissionsschutz- und Störfallbeauftragte (5. BImSchV) zu benennende zuständige Störfallbeauftragte zulässig. Abweichungen hiervon sind nur im Rahmen einer zwischen dem Betreiber und der Feuerwehr geschlossenen Handlungsvereinbarung möglich.

Erfolgt die Einteilung in die Gefahrengruppe IIIC, weil es sich um eine militärische Anlage oder Einrichtung handelt, ist als Fachkundiger nur ein zuständiger und fachkundiger Militärangehöriger geeignet.

Als fachkundige Person für die sonstigen Bereiche der Gefahrengruppe IIIC sind allgemein zulässig:

- Betriebsleiter/Laborleiter
- Fachkraft für Arbeitssicherheit
- Beauftragter nach BImSchV
- Betriebsarzt oder beauftragter Arzt nach GefStoffV
- Gefahrgutbeauftragte.

4.2.2 Sonderausrüstung

4.2.2.1 Persönliche Sonderausrüstung

Aufgrund der stark unterschiedlichen chemischen/physikalischen Eigenschaften von C-Gefahrstoffen muss der Einsatzleiter über den Umfang der persönlichen Sonderausrüstung im konkreten Fall entscheiden.

Grundsätzlich ist im Einsatz mit gefährlichen chemischen Stoffen nicht unbedingt Atemschutz oder der Einsatz von Chemikalienschutzanzügen erforderlich. Beispielsweise können bei Mineralöleinsätzen Gummi- oder Polymerhandschuhe, -stiefel und entsprechende Jacken oder Kleidung, die Öle nicht ins Gewebe aufnehmen, ausreichend sein.

Bei Explosivstoffen kann auf die persönliche Sonderausrüstung häufig ganz verzichtet werden.

Körperschutz

Kann im Verlauf eines Einsatzes nicht vollständig ausgeschlossen werden, dass es zum direkten Kontakt mit C-Gefahrstoffen kommt, ist eine der Lage angemessene Schutzkleidung zu tragen.

Als geeignet sind insbesondere anzusehen:
Gefahrengruppe IIC mindestens Körperschutz Form 1
Gefahrengruppe IIIC Körperschutz Form 2 oder 3

4.2.2.2 Sonstige Sonderausrüstung

Nachweisgeräte

Ein wesentliches Mittel der Lageerkundung kann neben der Ermittlung des Stoffes über Einsatzunterlagen und Kennzeichnung auch der Nachweis des Stoffes durch Geräte der Feuerwehr sein.

Der Nachweis von Gefahrstoffen und die Probenahme durch Einsatzkräfte der Feuerwehr ist abhängig von der Lage, den personellen und gerätetechnischen Möglichkeiten sowie von den spezifischen Eigenschaften der vorhandenen Gefahrstoffe. Der Zeitpunkt des Gefahrstoffnachweises oder der Probenahme hat wesentlichen Einfluss auf die Anwendbarkeit bei einsatztaktischen Entscheidungen und der Festlegung erforderlicher Folgemaßnahmen in Zusammenarbeit mit den dafür zuständigen Fachbehörden.

Die Geräte und die Taktik des Messens und Nachweisens unterliegen einer ständigen wissenschaftlich-technischen Entwicklung, deshalb können die im Rahmen der sonstigen Sonderausrüstung einzusetzenden Geräte oder Gerätegruppen hier nicht abschließend aufgeführt werden.

4.2.3 Umfang der Sonderausrüstung

Für eine Gruppe ist die persönliche Sonderausrüstung für mindestens sechs Einsatzkräfte vorzuhalten.

Von der sonstigen Sonderausrüstung sind für die Gruppe mindestens erforderlich:

- 6 Atemfilter ABEK2-P3 (Angriffstrupp, Sicherheitstrupp)
- 2 Filtergeräte mit Atemfilter ABEK2-P3 (Schlauchtrupp)
- 2 leichte Schutzanzüge (Schlauchtrupp)
- pH-Wert – Indikatoren
- Spürpulver/Spürpapier
- Öltestpapier
- Lecksuchspray
- Wassernachweispaste
- Prüfröhrchen mindestens für Stoffe nach vfdb-Richtlinie 10/01
- Explosionsgrenzen-Warngeräte
- 7 Handsprechfunkgeräte (Gruppenführer, Maschinist (Atemschutzüberwachung), Angriffstrupp, Wassertrupp)
- geeignetes Absperrmaterial.

Je nach Länder-/Standortregelungen ist die Sonderausrüstung durch Arbeitsgeräte und Verbrauchsmaterialien zu ergänzen.

4.3 Einsatz

Aufgrund der besonderen Vielfalt der C-Gefahrstoffe ist die frühzeitige Identifizierung von Art und Menge der Gefahrstoffe besonders wichtig. Erst nach Zuordnung zu einer Maßnahmengruppe lassen sich die speziellen Maßnahmen planen.

4.3.1 Erkundung und Beurteilung

Die Lagefeststellung an Einsatzstellen mit C-Gefahrstoffen wird maßgeblich von Art, Menge und Eigenschaften der Gefahrstoffe bestimmt. Insbesondere sind folgende Fragen zu klären:

- Sind Gefahrstoffe frei geworden und wie groß ist die Freisetzungsrate?
- In welcher Menge sind die Gefahrstoffe vorhanden?
- Um welche C-Gefahrstoffe handelt es sich und welche Stoffe können durch Reaktion entstehen?
- Welche chemischen/physikalischen und gefährlichen Eigenschaften haben die Stoffe?
- Sind die Teile der Sonderausrüstung beständig gegen die konkret vorliegenden C-Gefahrstoffe?
- Besteht bei gas-/dampfförmigen Stoffen die Gefahr der Hautresorption?
- Können sich explosionsfähige Atmosphären bilden?
- Sind Sprengstoffe vorhanden?
- Sind Druckbehälter vorhanden?

Kennzeichnungsvorschriften für C-Gefahrstoffe sind vielfältig. Sie können an dieser Stelle nicht umfassend wiedergegeben werden. Eine Aufstellung, der wichtigsten Kennzeichnungsmöglichkeiten ist in der Anlage 6 zu finden.

Liegen keine ausreichenden Erkenntnisse vor, sind die zur Erkundung vorgehenden Trupps mit Körperschutz Form 3 auszurüsten.

4.3.2 Einsatzmaßnahmen

4.3.2.1 Gefahrenbereich

Stehen Nachweisgeräte zur kontinuierlichen Konzentrationsbestimmung zur Verfügung, kann die Grenze des Gefahrenbereiches so gelegt werden, dass die Schadstoffkonzentration außerhalb des Gefahrenbereiches den festgelegten Richtwert nicht überschreitet.

Ist bekannt oder wird nach Eintreffen an der Einsatzstelle bekannt, dass es sich um größere Mengen von Explosivstoffen, militärische Munition oder größere Mengen (mehrere m^3) druckverflüssigter Gase unter Brandeinwirkung handelt, ist der Abstand vom Gefahrenobjekt bei ausreichender Deckung auf mindestens **300 m** und der Absperrbereich auf **1 000 m** zu erweitern. Erst nach weiterer Erkundung und der Identifizierung bestehender Gefahren kann der Abstand angepasst und verringert werden.

4.3.2.2 Besondere Einsatzsituationen

Menschenleben in Gefahr

Zur Rettung von Menschenleben, die keinerlei Zeitverzug erlaubt, können nach Entscheidung des Einsatzleiters erste Maßnahmen zunächst ohne Einhaltung aller hier vorgegebenen Schutzmaßnahmen durchgeführt werden. Insbesondere sind Abweichungen von der persönlichen Sonderausrüstung möglich.

Bei Einsätzen zur Menschenrettung in den Gefahrengruppen IIC und IIIC sind die Einsatzkräfte jedoch mindestens mit Isoliergeräten und Körperschutz Form 1 auszurüsten.

Bereiche der Gefahrengruppe IIIC, bei denen es sich um militärische Anlagen mit Munition oder chemischen Kampfstoffen handelt, dürfen ohne Anwesenheit eines zuständigen und fachkundigen Militärangehörigen auf keinen Fall – auch nicht zur Rettung von Menschenleben – betreten werden.

4.3.2.3 Maßnahmengruppen (MG)

Sind insbesondere Art und Eigenschaften der C-Gefahrstoffe bekannt, können eine Zuordnung zu Maßnahmengruppen (MG) vorgenommen und spezielle (gruppenspezifische) Maßnahmen geplant und durchgeführt werden.

Die Zuordnung eines C-Gefahrstoffes in eine Maßnahmengruppe richtet sich nach seiner Kennzeichnung und Einordnung nach Rechtsnormen aus dem Gefahrgutbeförderungsrecht, dem Chemikalienrecht und dem Arbeitsschutzrecht (Anlage 6).

Folgende Maßnahmengruppen sind für die Planung von Bedeutung:

MG	Bezeichnung
1	Explosive Stoffe und Gegenstände mit Explosivstoff
2	Gasförmige Stoffe
3	Entzündbare flüssige Stoffe
4	Sonstige entzündbare Stoffe
5	Entzündend (oxidierend) wirkende Stoffe
6	Giftige Stoffe
8	Ätzende Stoffe
9	Verschiedene gefährliche Stoffe und Gegenstände

MG 1 „Explosive Stoffe und Gegenstände"

In diese MG sind feste oder flüssige Stoffe, Stoffgemische oder Gegenstände, die diese Stoffe enthalten, einzuordnen, die durch chemische Reaktion Gas von solcher Temperatur, solchem Druck und mit hoher Geschwindigkeit entwickeln können, dass durch Temperatur-, Druck- und Splitterwirkung Zerstörungen in der Umgebung auch in großer Entfernung eintreten können. Wichtige Beurteilungsgrundlagen für Art und Größenordnung der Gefahren ergeben sich auch aus der Einteilung in die Unterklassen 1.1 bis 1.6 nach ADR/RID/GGVSEB.

MG 1 „Explosive Stoffe und Gegenstände mit Explosivstoff"		
Gefahren	**Spezielle Maßnahmen**	**Zusätzliche Hinweise**
• Explosions- oder Detonationsgefahr • Hauptgefahren: Unterklasse 1.1: Druck 1.2: Splitter 1.3: Feuer • Brandgase können giftig sein.	• Im Brandfall Räumung aller Unbeteiligten aus dem Gefahrenbereich einleiten. • Aus der Deckung heraus arbeiten (z. B. Wasserwerfer). • Möglichst wenig Personal in dem Gefahrenbereich einsetzen.	Besondere militärische Kennzeichnungen (Munitionsbrandklassen) sind zu beachten. **Absperrungen anpassen:** Gefahrenbereich: Unterklassen 1.1, 1.2, 1.3, 1.5, 1.6 500 m Absperrbereich: Unterklassen 1.1, 1.2, 1.3, 1.5, 1.6 1000 m

MG 2 „Gasförmige Stoffe“

In diese MG sind alle verdichteten, verflüssigten oder unter Druck gelösten Gase oder Gegenstände, die diese Stoffe enthalten, einzuordnen. Gefahren ergeben sich aus dem besonderen physikalischen Zustand **und** aus den chemischen Eigenschaften. Weitere gefährliche chemische Eigenschaften sind gesondert zu erkunden.

MG 2 „Gasförmige Stoffe"		
Gefahren	**Spezielle Maßnahmen**	**Zusätzliche Hinweise**
• Gas/Luft-Gemische können explosionsgefährlich sein! • Erfrierungsgefahr bei verflüssigtem Gas. • Brandgase können giftig sein! • Gefahr des Druckgefäßzerknalls! • Bei Flüssiggas „BLEVE" möglich! • Gase können einzeln oder in Kombination erstickende Wirkung haben, giftig, brennbar, brandfördernd oder ätzend sein.	• Atem- und Körperschutz. • Gaswolke mit Sprühstrahl niederschlagen. • Im Brandfall Behälter und Umgebung aus Deckung kühlen (bei Acetylengasflaschen bis zu 24 Stunden). • Brennendes Gas nicht löschen, Gaszufuhr sperren. • Bei Lecks an Flüssiggastanks: Kein Wasser auf den Behälter (Gefahr der Aufheizung und Verstärkung des Gasaustritts). • Kanalisation und tiefergelegene Räume sichern. • Messgeräte einsetzen.	**Absperrungen** bei Flüssiggastankwagen, Druckgaskesselwagen und Industrietanks: Gefahrenbereich: 300 m Absperrbereich: 1 000 m **Achtung!** • Elektrisch betriebene Geräte als Zündquelle beachten (z. B. Funkgeräte, Handscheinwerfer, Mobiltelefon, Funkmeldeempfänger). • Elektrostatische Aufladung als Zündquelle beachten. • Nicht in verflüssigtes Gas spritzen.

MG 3 „Entzündbare flüssige Stoffe"

In diese MG sind alle brennbaren flüssigen Stoffe oder Gegenstände, die diese Stoffe enthalten, einzuordnen. Gefahren ergeben sich aus der Brennbarkeit **und** aus den weiteren chemischen Eigenschaften. Weitere gefährliche chemische Eigenschaften sind gesondert zu erkunden.

MG 3 „Entzündbare flüssige Stoffe"		
Gefahren	**Spezielle Maßnahmen**	**Zusätzliche Hinweise**
• Dampf/Luft-Gemische sind explosionsgefährlich! • Brandgase können giftig sein! • Ausbreitung über Kanäle, Schächte etc. möglich. • Bei Tankbränden „Boil over" möglich. • Umweltgefahr (Ölalarm!) • Vorsicht bei Wassereinsatz (Fettexplosion!).	• Atem- und Körperschutz. • Im Brandfall mit Schaum löschen, Behälter und Umgebung kühlen. • Ausbreitung verhindern (Flüssigkeit auffangen, Leckstelle abdichten). • Flüssigkeit mit Schaum abdecken. • Kanalisation und tiefergelegene Räume sichern. • Messgeräte (Ex-Messung) einsetzen.	**Absperrungen** bei Tankwagen, Kesselwaggons und Industrietanks: Gefahrenbereich: 50 m Absperrbereich: 300 m **Achtung!** • Elektrisch betriebene Geräte als Zündquelle beachten (z. B. Funkgeräte, Handscheinwerfer, Mobiltelefon, Funkmeldeempfänger). • Elektrostatische Aufladung als Zündquelle beachten.

MG 4 „Sonstige entzündbare Stoffe“

In diese MG sind alle brennbaren festen Stoffe oder Gegenstände, die diese Stoffe enthalten, einzuordnen, bei denen sich besondere Gefahren aus ihrer Brennbarkeit oder aus der Kombination mit weiteren chemischen Eigenschaften ergeben. Die besonderen gefährlichen Eigenschaften sind gesondert zu erkunden. Hierzu gehören auch die selbstentzündlichen Stoffe und die Stoffe, die bei Berührung mit Wasser entzündliche Gase entwickeln. Die Stoffe können auch als Schmelze oder in Lösung vorkommen. Wichtige Beurteilungsgrundlagen für Art und Größenordnung der Gefahren ergeben sich auch aus der Einteilung in die Klassen 4.1, 4.2 oder 4.3 nach ADR/RID/GGVSEB.

MG 4 „Sonstige entzündbare Stoffe"		
Gefahren	**Spezielle Maßnahmen**	**Zusätzliche Hinweise**
• Explosionsgefahr bei staubförmigen Stoffen (Klasse 4.1)! • Brandgase können stark reizend und giftig sein! • Heftige Reaktion beim Einsatz von Wasser möglich (Klasse 4.2 und 4.3)!	• Atem- und Körperschutz. • Bei Stäuben keine Verwirbelung verursachen. • Brandbekämpfung bei Klasse: 4.1: Wasser 4.2: Sprühstrahl, außer bei Metallverb. (wie 4.3) 4.3: Trockener Sand oder ABC- oder D-Pulver.	**Achtung!** • Diese Stoffe werden auch als heiße Schmelze transportiert. • Wenn ein „X" vor der Gefahrnummer steht, Berührung des Stoffes mit Wasser verhindern. • Die Stoffe können auch als Flüssigkeit (Lösungen) auftreten.

MG 5 „Entzündend (oxidierend) wirkende Stoffe"

In diese MG sind alle oxidierenden und brandfördernden Stoffe oder Gegenstände, die diese Stoffe enthalten, einzuordnen, bei denen sich besondere Gefahren aus ihrer oxidierenden Wirkung oder aus der Kombination mit weiteren chemischen Eigenschaften ergeben. Weitere gefährliche chemische Eigenschaften sind gesondert zu erkunden.

MG 5 „Entzündend (oxidierend) wirkende Stoffe"		
Gefahren	**Spezielle Maßnahmen**	**Zusätzliche Hinweise**
• Freisetzung von hoch reaktivem Sauerstoff. • Stoffe sind reaktionsfreudig (Stichflammen und Verpuffungen können auftreten)! • Explosionsgefahr bei organischen Peroxiden beachten. • Brandgase können sehr giftig und ätzend sein!	• Atem- und Körperschutz. • Im Brandfall Löschangriff mit großen Mengen Wasser aus sicherer Entfernung (z. B. Wasserwerfer) durchführen.	**Achtung!** • Nicht mit brennbaren Substanzen in Kontakt bringen. • Bestimmte organische Peroxide werden nur unter Temperaturkontrolle transportiert (siehe Beförderungspapier). • Überdruck in geschlossenen Behältern möglich. • Kein organisches Bindemittel verwenden.

MG 6 „Giftige Stoffe“

In diese MG sind alle Stoffe, von denen aus Erfahrung bekannt oder aus tierexperimentellen Untersuchungen anzunehmen ist, dass sie bei Einwirkung in relativ kleinen Mengen zu Gesundheitsschäden oder zum Tode eines Menschen führen oder Gegenstände, die diese Stoffe enthalten, einzuordnen.

MG 6 „Giftige Stoffe"		
Gefahren	**Spezielle Maßnahmen**	**Zusätzliche Hinweise**
• Dämpfe, Stäube und Brandgase sind toxisch (Vergiftungsgefahr bei Inkorporation oder Kontamination)!	• Atem- und Körperschutz. • Ausbreitung verhindern, Stoff auffangen, Leck abdichten. • Kanalisation, tiefere Räume und Gewässer sichern. • Messgeräte oder Indikatoren einsetzen.	**Achtung!** • Hautkontakt mit freien Stoffen unbedingt vermeiden. • Bei Kontakt sofort Dekon-Maßnahmen und ärztliche Untersuchung einleiten.

MG 8 „Ätzende Stoffe“

In diese MG sind alle Stoffe, die auf organische und/oder anorganische Oberflächen bei Kontamination zerstörend wirken oder entzündliche Prozesse in Geweben auslösen oder Gegenstände, die diese Stoffe enthalten, einzuordnen.

MG 8 „Ätzende Stoffe“		
Gefahren	**Spezielle Maßnahmen**	**Zusätzliche Hinweise**
• Bei Kontakt: Verätzungsgefahr (Haut, Augen, Atemwege)! • Gefährliche Reaktionen bei Verdünnung mit Wasser möglich! • Ausbreitungsgefahr bei Säuren und Laugen! • Einige Säuren können mit organischen Stoffen und Metallen reagieren! • Organische Säuren sind brennbar!	• Atem- und Körperschutz. • Ausbreitung verhindern, Stoff mit geeigneten Behältnissen auffangen, Leck dichten. • Gas/Dampfwolken mit Sprühstrahl niederschlagen. • Kanalisation, tiefere Räume und Gewässer sichern. • Kleine Mengen mit Wasser verdünnen. • Messgeräte (pH-Papier) einsetzen.	**Achtung!** • Diese Stoffe werden auch in heißem Zustand transportiert. • Erwärmung bei Neutralisation beachten. • Bei einer wirksamen Verdünnung werden große (!) Wassermengen benötigt. • Chemikalienbinder einsetzen. • Bei Kontakt sofort mit Wasser abwaschen und Arzt hinzuziehen! • Relative Dichte zu Luft beachten (Schwergasverhalten prüfen)!

MG 9 „Verschiedene gefährliche Stoffe und Gegenstände"

In diese MG sind alle Stoffe mit gefährlichen Eigenschaften, die nicht in andere MG zugeordnet werden können, oder Gegenstände, die diese Stoffe enthalten, einzuordnen.

MG 9 „Verschiedene gefährliche Stoffe und Güter"		
Gefahren	**Spezielle Maßnahmen**	**Zusätzliche Hinweise**
• Spezifische Gefährdung der Einsatzkräfte je nach vorliegender Substanz! • Umweltgefahr	• Bei Bedarf Atem- und Körperschutz. • Ausbreitung freiwerdender Stoffe verhindern. • Umweltbehörde verständigen.	Beispiele: • Asbest und asbesthaltige Stoffe • Im Brandfall dioxinbildende Stoffe (PCB) • Lithiumbatterien • Rettungsgeräte und Airbags • Umweltgefährdende Stoffe (diverse Öle) • Erwärmter fester Stoff, z. B. flüssiges Bitumen • Verflüssigte Metalle

4.3.3 Ärztliche Überwachung und Nachsorge

Alle Personen, die an Einsätzen in Bereichen der Gefahrengruppen IIC und IIIC teilgenommen haben, sind namentlich zu erfassen. Einsatzkräfte, die bei Einsätzen in Bereichen der Gefahrengruppen IIC und IIIC von besonderen Vorkommnissen, wie eine nachgewiesene oder vermutete Kontamination oder/und Inkorporation durch z. B. Beschädigung der Schutzkleidung, „undichter" Atemanschluss oder Verletzungen, betroffen sind, sind einem geeigneten Arzt vorzustellen. Dies gilt auch für Einsätze mit sensibilisierenden, krebserregenden und erbgutverändernden Stoffen.

Treten in der Folgezeit eines Einsatzes bei Einsatzkräften Erkrankungen auf, die mit den C-Gefahrstoffen in Zusammenhang stehen könnten, sind alle beteiligten Personen erneut einem geeigneten Arzt vorzuführen. Die Unterlagen über den Einsatz sind ihm zur Verfügung zu stellen.

Anlagen

Anlage 1: Begriffsbestimmungen

ABC-Gefahrstoffe

ABC-Gefahrstoffe sind radioaktive Stoffe und Materialien (A-Gefahrstoffe), biologische Stoffe und Materialien (B-Gefahrstoffe) und chemische Stoffe und Materialien (C-Gefahrstoffe), die natürlich vorkommen oder künstlich erzeugt wurden und von denen Gefahren für Leben, Gesundheit, Umwelt und Sachen ausgehen können.

A-Einsatz

Der A-Einsatz ist das Tätigwerden von Einsatzkräften an Einsatzstellen, an denen Gefahren durch A-Gefahrstoffe erkennbar sind oder vermutet werden.

Absperrbereich

Der Absperrbereich ist der unmittelbar an den Gefahrenbereich angrenzende Teil der Einsatzstelle. Er ist die Aufstellungs-, Bewegungs- und Bereitstellungsfläche für Einsatzkräfte. Im Absperrbereich sind keine Gefahren durch ABC-Gefahrstoffe erkennbar oder zu vermuten.

B-Einsatz

Der B-Einsatz ist das Tätigwerden von Einsatzkräften an Einsatzstellen, an denen Gefahren durch B-Gefahrstoffe erkennbar sind oder vermutet werden.

Beständigkeitsliste

Beständigkeitslisten sind Listen, die Angaben zur mechanischen und thermischen Beständigkeit sowie zur Chemikalienresistenz von Einsatzmitteln enthalten. Diese Listen werden vom Hersteller nach meist festgelegten Prüf- und Beurteilungskriterien erstellt.

Beurteilungswerte

Die Beurteilungswerte stellen einen Zusammenhang zwischen Einwirkdosis eines ABC-Gefahrstoffes und der Gesundheitsgefahr oder der Art des B-Gefahrstoffes und der daraus resultierenden Infektionsgefahr für Einsatzpersonal ohne persönliche Sonderausrüstung und sonstige ungeschützte Personen her.

C-Einsatz

Der C-Einsatz ist das Tätigwerden von Einsatzkräften an Einsatzstellen, an denen Gefahren durch C-Gefahrstoffe erkennbar sind oder vermutet werden.

Dekon

Dekon ist die Bezeichnung für die Dekontamination durch Einsatzkräfte. Dekon ist die Grobreinigung zur Reduzierung einer Kontamination bei Einsatzkräften und anderen betroffenen Personen (Dekon-P) sowie von Geräten (Dekon-G). Die Dekon beinhaltet auch Maßnahmen zur Desinfektion bei B-Gefahrstoffen.

Dekon-Platz

Der Dekon-Platz ist der festgelegte Ort zur Durchführung der Dekon. Der Dekon-Platz wird in einen „Schwarzbereich“ (unreine Seite) und einen „Weißbereich“ (reine Seite) unterteilt.

Dekon-Staffel

Die Dekon-Staffel ist die taktische Einheit, die beim Einsatz eines Zuges die Dekon durchführt. Der Zug im ABC-Einsatz ist deshalb um die Dekon-Staffel zu erweitern.

Die Dekon-Staffel besteht aus dem Staffelführer und fünf Einsatzkräften (1/5/6).

Ist die Dekon mehrerer Personen **gleichzeitig** erforderlich, ist die Dekon-Staffel durch weitere Einsatzkräfte zu ergänzen.

Geeignete Ärzte

Geeignete Ärzte im Sinne dieser Vorschrift sind entsprechend der jeweiligen Gefährdung (A, B oder C) zur Durchführung arbeitsmedizinischer Vorsorgemaßnahmen zugelassene Ärzte. Für den A-Einsatz sind dies nach § 64 StrlSchV ermächtigte Ärzte. Für B- und C-Einsätze sind dies gemäß § 15 (2) BioStoffV oder § 14 (2) GefStoffV Fachärzte für Arbeitsmedizin oder Ärzte, die die Zusatzbezeichnung „Betriebsmedizin“ tragen. Anforderungen hierzu sind im § 7 der Verordnung zur arbeitsmedizinischen Vorsorge (ArbMedVV) festgelegt.

Fachberater in der Feuerwehr

Fachberater in der Feuerwehr sind Personen mit besonderen Fähigkeiten und Kenntnissen, die zur Beratung und Unterstützung in die Feuerwehr aufgenommen wurden.

Aufgabe der Fachberater ist es, die Führungskräfte im Einsatz fachlich zu beraten und bei der Einsatzvorbereitung, bei Übung und Ausbildung zu unterstützen.

Als Fachberater für ABC-Einsätze sind Personen mit abgeschlossener einschlägiger technischer, naturwissenschaftlicher bzw. medizinischer Universitäts-, Hochschul- oder Fachhochschulausbildung (Diplom-Abschluss bzw. Approbation) besonders geeignet.

Aus der Funktion des Fachberaters sind keine Führungs- und Einsatzbefugnisse abzuleiten.

fachkundige Person

Eine fachkundige Personen ist eine Person, die von den Einsatzkräften zur Beratung bzw. Hilfeleistung im ABC-Einsatz herangezogen werden kann. Sie muss aufgrund ihrer besonderen Fachkenntnisse oder der ihr zur Verfügung stehenden Ausrüstungen oder Einrichtungen dazu in der Lage sein.

Die Fachkunde zu A-, B- oder C-Gefahrstoffen ist nachzuweisen.

Gefahrenbereich

Der Gefahrenbereich ist der Bereich, in dem ABC-Gefahren für Leben, Gesundheit, Umwelt und Sachen erkennbar sind oder aufgrund fachlicher Erfahrungen vermutet werden.

Gefahrengruppen

Im Rahmen der Vorbereitung auf Einsätze werden Bereiche mit ABC-Gefahrstoffen nach dem möglichen Ausmaß der Gefährdung und der notwendigen Maßnahmen in Gefahrengruppen unterteilt.

Die Unterteilung erfolgt mit Unterstützung des Betreibers und der zuständigen Behörde.

Entsprechend den durchzuführenden Maßnahmen werden 3 Gefahrengruppen unterschieden:

- Gefahrengruppe I
- Gefahrengruppe II
- Gefahrengruppe III.

Für die Unterteilung von Bereichen mit A-, B- oder C-Gefahrstoffen sind spezielle Kriterien festgelegt. Die drei Gefahrengruppe werden entsprechend den zugrundegelegten Unterteilungskriterien mit A für radioaktive

(IA, IIA, IIIA), B für biologische (IB, IIB, IIIB) und C für chemische Gefahrstoffe (IC, IIC, IIIC) unterschieden.

Maßnahmengruppe (MG)

Sind Art und Eigenschaften von C-Gefahrstoffen bekannt, erfolgt eine Zuordnung zu Maßnahmengruppen (MG).
Zu jeder Maßnahmengruppe werden folgende Angaben gemacht:

- Gefahren
- spezielle Maßnahmen
- zusätzliche Hinweise.

Es werden acht Maßnahmengruppen unterschieden.

Bei zunächst unbekannten C-Gefahrstoffen erfolgt die Einteilung nach der vorhandenen Kennzeichnung.

Not-Dekon (Dekon-Stufe I)

Bei der Not-Dekon handelt es sich um Notfallmaßnahmen. Sie ist sofort beim Einsatz des ersten Trupps im Gefahrenbereich durch mindestens zwei Einsatzkräfte sicher zu stellen.

Maßnahmen der Not-Dekon werden eingeleitet bei Beschädigung der Schutzausrüstung, Atemluftmangel, Verletzungen, Kontamination der Haut oder Inkorporation.

Nullrate

Die Nullrate ist die mit einem Messgerät registrierte Anzahl von Impulsen pro Zeiteinheit – meist eine Sekunde –, die auch ohne Vorhandensein eines radioaktiven Präparates angezeigt werden. Die Nullrate hat ihre Ursache in den natürlichen und künstlichen radioaktiven Stoffen in unserer Umwelt einschließlich unseres eigenen Körpers.

Die Nullrate hängt stark vom Ort (insbesondere von der Meereshöhe) und der Umgebung, Messung im Freien oder in Gebäuden (Baustoffe, Abschirmung, Lüftung), ab.

Bei einem gegenüber der Nullrate erhöhten Messwert sind radioaktive Stoffe über der normalen Konzentration, z. B. eine Kontamination, vorhanden.

Überschreitet der Wert die dreifache Nullrate, ist von einer Kontamination auszugehen.

Sonderausrüstung

Zur Bekämpfung und Beseitigung der Gefahren durch ABC-Gefahrstoffe benötigen die Einsatzkräfte ergänzend zur allgemeinen Ausrüstung eine Sonderausrüstung.

Die Sonderausrüstung darf nur von dafür ausgebildeten Einsatzkräften eingesetzt werden.

Für die wesentlichen Teile der Sonderausrüstung gibt es Prüf- und Zulassungsrichtlinien. Die Gebrauchsanleitung des Herstellers ist zu beachten.

Die Sonderausrüstung gliedert sich in:

- persönliche Sonderausrüstung
- sonstige Sonderausrüstung.

Die persönliche Sonderausrüstung ist von jeder Einsatzkraft zu tragen, die den Gefahrenbereich betritt. Sie dient dem Schutz der Person und besteht aus folgenden Teilen:

- Atemschutz
- Körperschutz
- Dosismess- und Warngeräte.

Die sonstige Sonderausrüstung ist zur Erkundung der Gefahren an ABC-Einsatzstellen und deren Beseitigung bzw. Eingrenzung erforderlich. Sie besteht aus folgenden Teilen:
- Schutzausrüstung am Dekon-Platz;
- Nachweisgeräte;
- sonstige Geräte und Materialien.

Art, Umfang und Standort der Sonderausrüstung bestimmen sich nach Aufgabenstellung und zu erwartenden Einsätzen.

Spezielle Maßnahmen

Die speziellen Maßnahmen sind Teil der Einsatzmaßnahmen im ABC-Einsatz.

Einsatzmaßnahmen im ABC-Einsatz gliedern sich in:
- Fahrzeugaufstellung;
- Erstmaßnahmen;
- ergänzende Maßnahmen;
- spezielle Maßnahmen;
- abschließende Maßnahmen.

Im Gegensatz zu Fahrzeugaufstellung, Erstmaßnahmen und ergänzenden Maßnahmen hängen die speziellen Maßnahmen stark von Art, Eigenschaft und Menge der Gefahrstoffe ab. Spezielle Maßnahmen können deshalb erst nach einer weitgehenden Erkundung der Gefahrenlage geplant und eingeleitet werden.

Bei C-Gefahrstoffen sind die speziellen Maßnahmen wesentlicher Teil der Angaben zu den acht Maßnahmengruppen.

Anlage 2: Dekon-Matrix für die Feuerwehr

Einsatzart	Dekon-Stufe I Not-Dekon	Dekon-Stufe II Standard-Dekon	Dekon-Stufe III Erweiterte Dekon
Radioaktive Stoffe	So schnell wie möglich kontaminierte Hautpartien reinigen. Bei Verdacht auf Hautkontamination ist die Person einem Arzt vorzustellen	Nach Überprüfung auf Kontamination (mit Kontaminationsnachweisgerät) wird die Schutzkleidung abgelegt. Alles, was mehr als dreifache Nullrate aufweist, gilt als kontaminiert und ist in Säcke/Überfässer zu verpacken.	Dekontamination wie II und Nutzung bestimmter Sonderausstattung (z. B. Dusche, Zelte, Umkleidemöglichkeiten).
Biologische Stoffe	So schnell wie möglich kontaminierte Hautpartien desinfizieren. Einwirkzeiten beachten! Bei Verdacht auf Hautkontamination ist die Personeinem Arzt vorzustellen.	Desinfektion der Schutzkleidungsoberfläche (mit Flächendesinfektionsmittel). Nach der Einwirkzeit kann die Schutzausrüstung abgespült werden. Die Reinigungsflüssigkeit ist aufzufangen.	Desinfektion wie II und Nutzung bestimmter Sonderausstattung (z. B. Dusche, Zelte, Umkleidemöglichkeiten). Anschließend Ablegen der gesamten Kleidung (auch Unterbekleidung). Die Reinigungsflüssigkeit ist aufzufangen.
Chemische Stoffe	So schnell wie möglich kontaminierte Hautpartien mit Sprühstrahl reinigen. Bei Verdacht auf Hautkontamination ist die Person einem Arzt vorzustellen.	Dekontamination mit Wasser und Hilfsmitteln. Die Reinigungsflüssigkeit ist aufzufangen.	Dekontamination mit warmen Wasser (evtl. Reinigungszusätze verwenden) und bestimmter Sonderausstattung (z. B. Dusche, Zelte, Umkleidemöglichkeiten). Die Reinigungsflüssigkeit ist aufzufangen.

Anlage 3: A-Gefahrstoffe: Arten der Kennzeichnung

In § 68 der StrlSchV ist eine Kennzeichnungspflicht für folgende Bereiche festgelegt:

- Räume, Geräte, Vorrichtungen, Schutzbehälter und Aufbewahrungsbehälter und Umhüllungen für radioaktive Stoffe, mit denen nur aufgrund einer Genehmigung nach den §§ 6, 7 oder 9 des AtG oder der Planfeststellung nach § 9 b des AtG oder einer Genehmigung nach § 7 Abs. 1 StrlSchV umgegangen werden darf,
- Anlagen zur Erzeugung ionisierender Strahlen,
- Kontrollbereiche und Sperrbereiche als Teile der Kontrollbereiche,
- Bereiche, in denen die Kontamination die durch die StrlSchV gegebenen Grenzwerte überschreitet,
- nach StrlSchV festgelegte bauartzugelassene Vorrichtungen.

Die Kennzeichnung erfolgt in ausreichender Zahl deutlich sichtbar und dauerhaft mit dem Strahlenzeichen nach Anlage IX der StrlSchV.

Strahlenzeichen nach Anlage IX der StrlSchV

Die Kennzeichnung muss die Worte „VORSICHT – STRAHLUNG“, „RADIOAKTIV“, „KERNBRENNSTOFFE“ oder „KONTAMINATION“ enthalten, soweit dies nach Größe und Beschaffenheit des zu kennzeichnenden Gegenstandes möglich ist.

Gemäß § 52 StrlSchV hat zur Vorbereitung der Brandbekämpfung eine Einteilung möglicher Einsatzstellen in Gefahrengruppen zu erfolgen. Die betroffenen Bereiche sind jeweils am Zugang deutlich sichtbar und dauerhaft mit dem Zeichen „Gefahrengruppe I“, „Gefahrengruppe II“ oder „Gefahrengruppe III“ zu kennzeichnen.

Das Zeichen „Feuerwehr! Gefahrengruppe I“ kennzeichnet einen Bereich der Gefahrengruppe IA, das Zeichen „Feuerwehr! Gefahrengruppe II“ einen Bereich der Gefahrengruppe IIA und das Zeichen „Feuerwehr! Gefahrengruppe III“ einen Bereich der Gefahrengruppe IIIA.

Kennzeichnungen sind weiterhin durch DIN 25430 „Sicherheitskennzeichnung im Strahlenschutz“ sowie durch DIN 4844 Teil 1 und 2 und die Vorschrift BGV A 8 „Sicherheitskennzeichnung am Arbeitsplatz“ des Verbandes der gewerblichen Berufsgenossenschaften festgelegt.

Warnzeichen für ionisierende Strahlen nach DIN 25430

Weitere Beispiele für Kennzeichnungen:

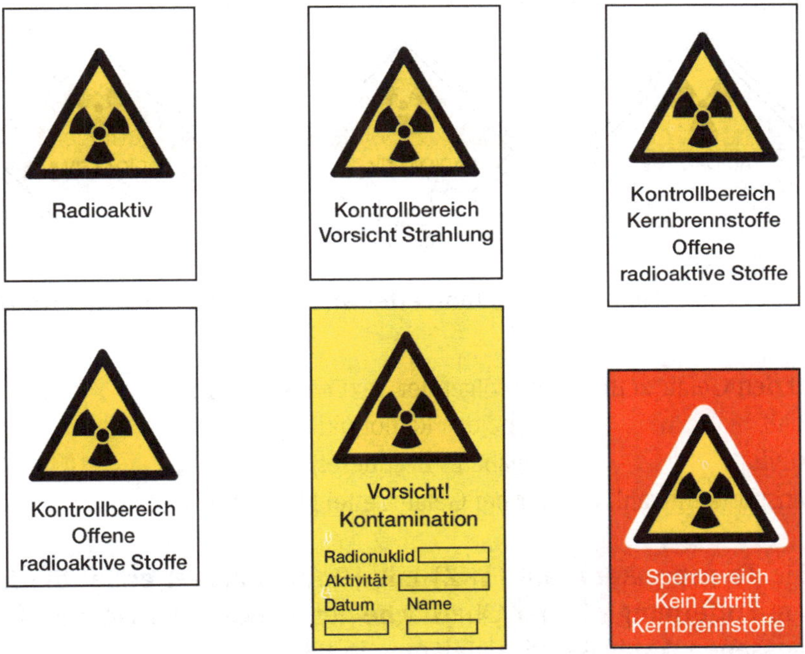

Warnzeichen für ionisierende Strahlen nach DIN 25430

Kennzeichnung von Versandstücken

Kategorie I – WEISS

Gefahrzettel Nr. 7A

Kategorie II – GELB

Gefahrzettel Nr. 7B

Kategorie III – GELB

Gefahrzettel Nr. 7C

Auf den Gefahrzetteln wird folgender Text eingetragen:

Inhalt	(Name des Radionuklids)
Aktivität	(Angabe in Becquerel)
Transportkennzahl.	(nur bei Gefahrzettel Nr. 7B und7C)

Die Transportkennzahl (TKZ) mit 10 multipliziert ergibt die in 1 m Entfernung von der Oberfläche der intakten Verpackung gemessenen Äquivalentdosisleistung in µSv/h.

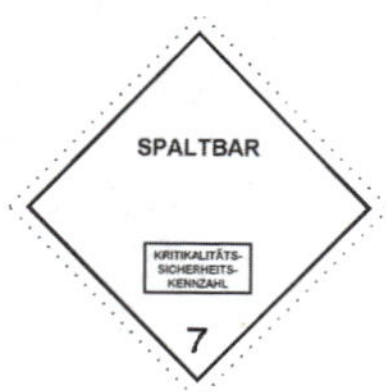

Gefahrzettel Nr. 7E

Transporte mit spaltbaren Stoffen werden mit dem Gefahrzettel Nr. 7E „Spaltbare Stoffe“ gekennzeichnet.

Die Kritikalitätssicherheitskennzahl (CSI) ist eine Angabe über die Wahrscheinlichkeit, dass ein kritischer Zustand (Kettenreaktion) entsteht.

Kennzeichnung von Fahrzeugen und Tankcontainern

Großzettel (Placard) I Nr. 7D

Kennzeichnung bei Fahrzeugen erfolgt mit Großzettel (Placard) 1 Nr. 7D an beiden Seiten und der Rückseite. Großzettel können alternativ auch mit der entsprechenden UN-Nummer, z. B. 2915, gekennzeichnet sein.

Zusätzlich werden Transporte auf dem Landweg mit Warntafeln gekennzeichnet.

Bei bestimmten radioaktiven Stoffen in Tankwagen, Tankcontainern und in loser Schüttung auch mit Gefahrnummer und UN-Nummer.

Anlage 4: Erfassungsblatt für den Strahlenschutzeinsatz (Muster)

Einsatzstelle:	Einsatznr.:	Zeit:	Datum:

Funktion	Name; Vorname	Personen-dosimeter		Dosiswarn-gerät		**Im Gefahrenbereich**		Kontamination	
		Nr.:	zurück	Nr.:	Dosis	**von**	**bis**	Ja/Nein	Wo/Was
A-TrFü									
A-TrM 1									
A-TrM 2 (Me)									
W-TrFü									
W-TrM									
S-TrFü									
S-TrM									

Anlage 5: B-Gefahrstoffe: Arten der Kennzeichnung

Anlagen, Räume und Transportbehälter in denen sich B-Gefahrstoffe befinden oder die mit solchen Stoffen kontaminiert sind, müssen entsprechend den gesetzlichen Vorschriften durch ein Sicherheitszeichen nach BioStoffV mit Zusatz „Biogefährdung“ gekennzeichnet sein.

Warnzeichen Biogefährdung nach DIN 58956-W16 und BGV A8 / W 16

Eine Kennzeichnung mit dem Warnzeichen Biogefährdung ist von Bereichen

- der Sicherheits-/Schutzstufe 1 nicht,
- der Sicherheits-/Schutzstufe 2 nicht immer,
- der Sicherheits-/Schutzstufe 3 und 4 immer

vorhanden.

Zusätzlich können weitere Hinweise auf die Sicherheitsstufen S1–S4, L1–L4 oder P1–P4 oder auch Beschriftungen wie „Gen-Laboratorium“, „Gentechnischer Arbeitsbereich o. Ä. vorhanden sein.

Entsprechend landesrechtlichen Regelungen zum Brandschutz in gentechnischen Anlagen können Labore, in denen gentechnische Arbeiten der Sicherheitsstufen 1–3, und Tierställe, in denen gentechnische Arbeiten der Sicherheitsstufen 1 und 2 durchgeführt werden, deutlich sichtbar und dauerhaft gemäß DIN 4066 mit dem Zeichen „BIO I“, „BIO II“ oder „BIO III“ gekennzeichnet sein.

Labor S 1 und Tierstall S 1 — Labor S 2 und Tierstall S 2 — Labor S 3

Das Zeichen „BIO I“ kennzeichnet einen Bereich der Gefahrengruppe IB, das Zeichen „BIO II“ einen Bereich der Gefahrengruppe IIB und das Zeichen „BIO III“ einen Bereich der Gefahrengruppe IIIB.

Kennzeichnung von Versandstücken

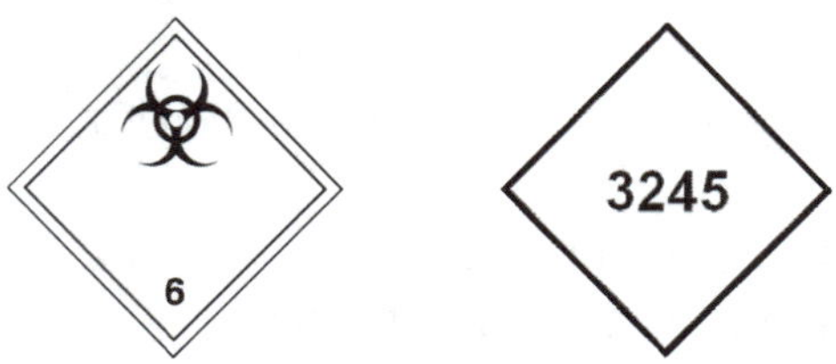

Gefahrzettel Nr. 6.2

Versandstücke mit Mikroorganismen der Risikogruppen 2, 3 und 4 müssen mit dem Gefahrzettel Nr. 6.2 gekennzeichnet werden.

Packstücke mit genetisch veränderten Mikroorganismen oder genetisch veränderten Organismen sind mit weißem Zettel mit UN-Nummer 3245 gekennzeichnet.

Orangefarbene Warntafel

* * * * = UN-Nr.	UN 2814:	Ansteckungsgefährlicher Stoff, gefährlich für Menschen
	UN 2900:	Ansteckungsgefährlicher Stoff, gefährlich für Tiere
	UN 3291:	Klinischer Abfall, unspezifisch
	UN 3373:	Biologischer Stoff, Kategorie B

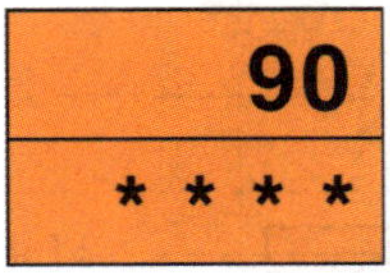

* * * * = UN-Nr.	UN 3245:	Gentechnisch veränderte Organismen

Anlage 6: C-Gefahrstoffe: Arten der Kennzeichnung

Diese Anlage enthält Beispiele für die Kennzeichnungen gefährlicher Stoffe und Güter zur ersten Festlegung von Maßnahmengruppen. Neben den hier dargestellten Beispielen gibt es für die verschiedenen Transportwege weitere hier nicht aufgeführte Kennzeichnungsmöglichkeiten, insbesondere für Begrenzte und Freigestellte Mengen.

orangefarbene Tafel an Transporteinheiten	 Gefahrnummer UN-Nummer
Gefahrzettel an Transporteinheiten und Versandstücken	 Gefahrensymbol Bezeichnung der Klasse
Gefahrensymbole und **Gefahrenbezeichnungen** auf Behältern (GefStoffV)	 Gefahrenbezeichnung (Kürzel) Gefahrensymbol Gefahrenbezeichnung

Gefahrensymbole und **Signalwörter** auf Behältern (GHS/CLP)	
Munitionsbrand-klassen-Schilder an Zugängen	
Kegel oder **Lichter** auf Binnenschiffen	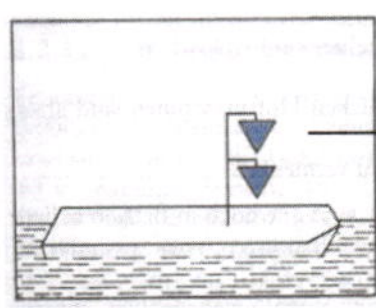 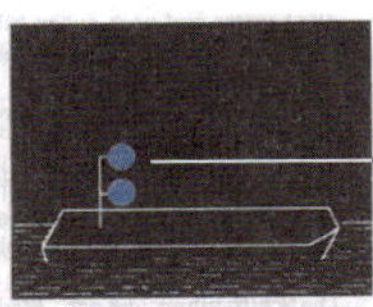
Warnzeichen nach DIN an Arbeits-stätten	
Kennzeichnung für verflüssigte Gase	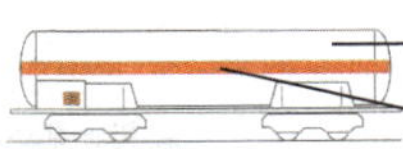

MG 1 „Explosive Stoffe und Gegenstände mit Explosivstoff“

Rechtssystem	Kennzeichnungsmöglichkeiten
Transport (mögliche UN-Nr. auf der Warntafel: 0331 0332)	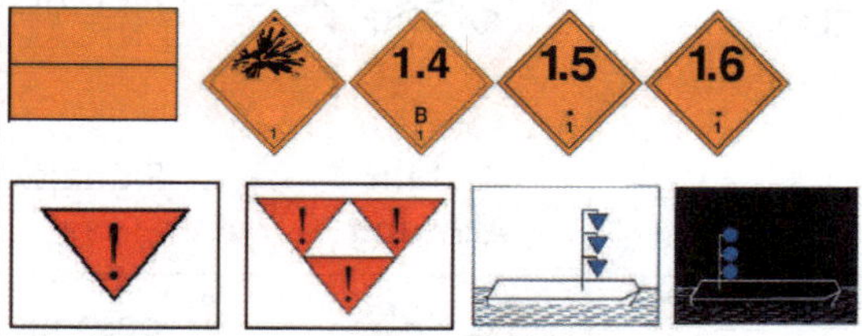
Anlagen, Behälter	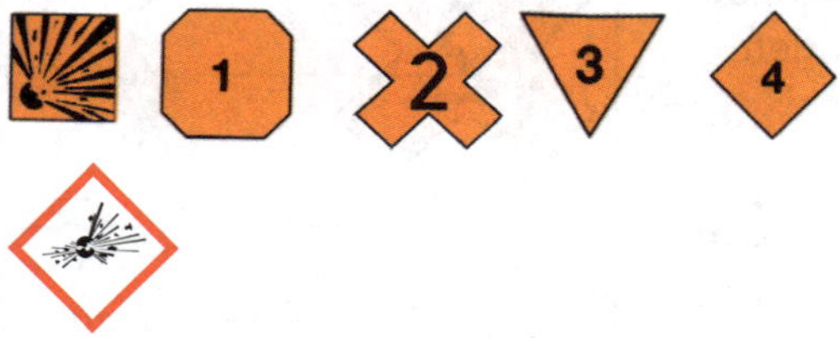
Arbeitsschutz	

MG 2 „Gasförmige Stoffe“

Rechtssystem	Kennzeichnungsmöglichkeiten
Transport	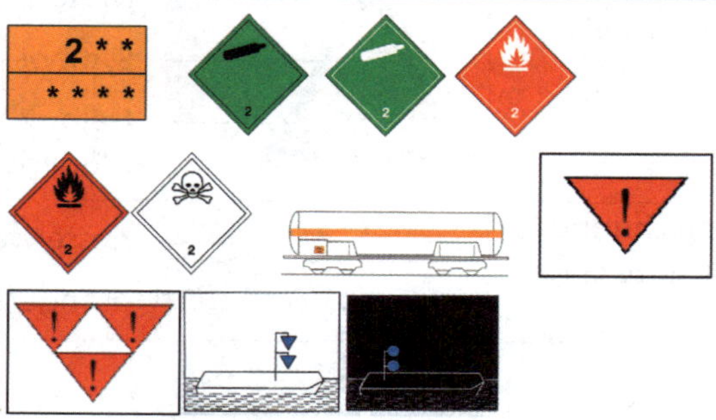

Anlagen, Behälter	 
Arbeitsschutz	 

MG 3 „Entzündbare flüssige Stoffe"

Rechtssystem	**Kennzeichnungsmöglichkeiten**
Transport	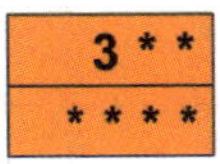   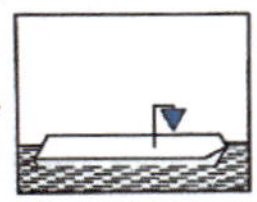 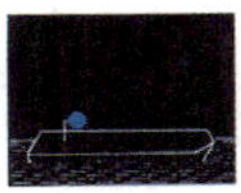 
Anlagen, Behälter	  
Arbeitsschutz	

MG 4 „Sonstige entzündbare Stoffe“

Rechtssystem	Kennzeichnungsmöglichkeiten
Transport	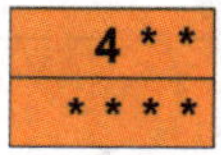 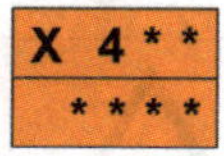    
Anlagen, Behälter	 
Arbeitsschutz	

MG 5 „Entzündend (oxidierend) wirkende Stoffe“

Rechtssystem	Kennzeichnungsmöglichkeiten
Transport	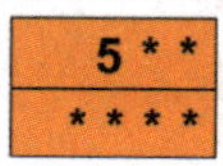   
Anlagen, Behälter	 
Arbeitsschutz	

MG 6 „Giftige Stoffe“

Rechtssystem	Kennzeichnungsmöglichkeiten
Transport	 
Anlagen, Behälter	     
Arbeitsschutz	 

MG 8 „Ätzende Stoffe“

Rechtssystem	Kennzeichnungsmöglichkeiten
Transport	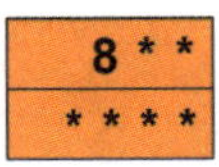 
Anlagen, Behälter	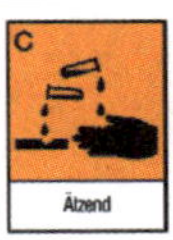   
Arbeitsschutz	  

MG 9 „Verschiedene gefährliche Stoffe und Gegenstände“

Rechtssystem	Kennzeichnungsmöglichkeiten
Transport (mögliche Gefahr-Nummer auf der Warntafel: 90 99)	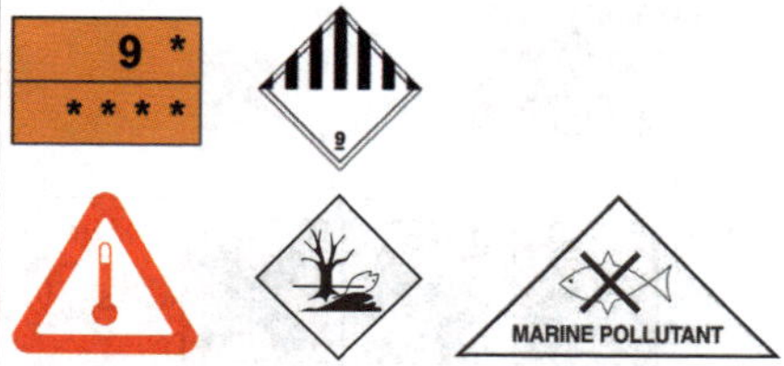
Anlagen, Behälter	
Arbeitsschutz	